*"Un maravilloso estilo de vida
necesario para lograr el balance entre
la humanidad y el planeta"*

"Infinito y más allá"

Contents

ADVERTENCIA

NO LEAS ESTE LIBRO SI TIENES HIJOS O
SI QUIERES TENERLOS.

Este libro trata sobre las maravillosas experiencias y beneficios que tiene una vida sin hijos. Es un gran estilo de vida que no solamente trae muchísimas satisfacciones, sino que es necesario en este momento de nuestra historia. El mundo necesita urgentemente de personas como tú, que tomen el camino de la maravillosa vida sin hijos, para recuperar el balance entre el planeta y la humanidad.

Este libro NO es un intento para convencer a persona alguna de no tener hijos, de no adoptarlos o tampoco de menospreciar, en ningún aspecto, la vida con hijos. Este libro NO sugiere de ninguna manera, que no se pueda lograr una vida maravillosa con hijos.

Ahora que ya es claro de lo que se trata y de lo que no se trata el libro, te invito a seguir adelante solamente si ya has tomado la decisión de vivir una maravillosa vida sin hijos.

AGRADECIMIENTO

A mi madre, a mi padre y a todos los padres y madres del planeta, quienes han sacrificado gran parte de sus propias vidas para asegurar la continuidad de la raza humana.

A todas las personas, con hijos y sin hijos, quienes muy amablemente compartieron conmigo su punto de vista abiertamente, durante un poco más de 10 años y en muchos países alrededor de *este* hermoso planeta. Debo admitir que algunos de los entrevistados se incomodaron, porque nunca habrían considerado una vida digna y plena en la ausencia de hijos, sin embargo, hicieron el esfuerzo y el ejercicio mental de presentarme cuales serían las ventajas de no haberlos tenido. Esto me pareció un gesto muy noble de su parte y les estoy inmensamente agradecido.

A todos aquellos que entienden que nuestro legado al mundo no está determinado por dar nuestros apellidos en herencia, sino por lo que hacemos con nuestras vidas por el bien de nosotros mismos, por el bien de nuestra civilización y del planeta.

METODOLOGIA

Este libro es la recopilación de conversaciones que tuve durante un poco más de 10 años con un gran número de personas alrededor del mundo, sobre las ventajas de no tener hijos. La geografía y el tiempo me permitieron hablar con personas de diferentes países, de diferentes culturas, religiosas, ultra—religiosas, ateas, agnósticas, indiferentes con la religión, solteras, casadas, separadas, viudas, personas con mascotas, sin mascotas, gays en el closet, gays fuera del closet, heterosexuales, bisexuales, asexuales, personas de diferentes clases económicas y de diversos niveles de educación, etc. etc. etc. Creo que solo me hizo falta hablar con un extraterrestre.

Durante las conversaciones con cada uno de ellos, les expliqué la intención de recopilar información para la escritura de este libro, razón por la cual hice énfasis en la importancia de entender con claridad sus puntos de vista con respecto a todo lo positivo que había traído a sus vidas la ausencia de hijos. En los casos de personas con hijos, les pedía que se imaginaran una vida sin hijos y las bondades que esperarían obtener de dicho estilo de vida.

Durante la segunda etapa de la conversación me enfoqué en las preguntas que las personas con hijos hacían a las personas sin hijos y las respuestas más comunes, incluyendo las mías.

INTRODUCCION

Si no controlamos voluntariamente el crecimiento
de nuestra población en una o dos décadas, la
naturaleza lo hará por nosotros de manera brutal,
ya sea que nos guste o no.

Henry W. Kendall

A mí me sucedió, como les sucede a muchísimas otras personas sin hijos, todo este drama de la presión social, pero afortunadamente, con el pasar del tiempo, tanto mis amigos como mis familiares se dieron por vencidos y la presión finalmente cesó.

Después de muchos años, aproximadamente el 50% de todos los que ponían en tela de juicio mi decisión, me han dicho "creo que tomaste una buena decisión". Me pregunto: ¿a cuántos que no lo admitieron sí se les habrá pasado por la cabeza que mi decisión era buena?

Mi mayor sorpresa fue saber que los más fervientes críticos de las personas que han decidido no tener hijos, poseían un bajo nivel de conocimiento con respecto al incremento de la población humana y los potenciales impactos nocivos para el planeta y por supuesto para la humanidad. ¿Será que la simple falta de conocimiento sobre el impacto de nuestra multiplicación es la principal razón por la cual nos hemos reproducido de manera tan irresponsable?

Una vez tomé la decisión de hablar con el mayor número de personas sobre este tema y con el objetivo de tener información más allá de mi propia percepción o de lo que leía en revistas científicas sobre el caso de la "superpoblación humana", simplemente aproveché mis constantes viajes alrededor del mundo y me embarqué en una búsqueda de respuestas por poco más de una década. Las personas tenemos grandes diferencias y grandes similitudes en la manera como vemos la vida, no importa donde estemos o qué opinemos sobre el sentido de la vida.

Curiosamente, todas esas grandes o pequeñas diferencias y similitudes me ayudaron a tener un mejor entendimiento sobre cuáles son los factores comunes en la decisión de vivir la vida sin hijos. Sin importar que tan diferentes fueran las personas, las decisiones para no tener hijos *son* sorprendentemente similares.

Me di cuenta con rapidez que mis ideas sobre los hijos, la población, la contaminación, etc., no eran ideas ajenas a las personas que tenían cierta curiosidad por entender nuestro rol como seres biológicos en nuestro pequeño planeta, por el contrario, todas estas ideas se están volviendo una tendencia global. ¿Tal vez fruto de la evolución de la conciencia social?

Fue en ese momento que supe que no sería difícil plasmar todas esas conversaciones en un libro ya que la gran mayoría de entrevistados apuntaban hacia las mismas conclusiones.

Reitero nuevamente que este libro tiene el objeto de mostrar, a través de las palabras de muchas personas alrededor del mundo, que existe una maravillosa opción de vida sin hijos y que dicho estilo de vida es necesario y beneficioso para el planeta y la humanidad.

Una propietaria de una tienda de chocolates de Chicago me lo planteó de la siguiente manera: "Criar no es una obligación, es una elección... y ciertamente no es para todos". Si todos pensáramos de esa manera y fuéramos conscientes de todas las implicaciones de la crianza antes de traer hijos al mundo, seguramente no existirían tantos padres y madres que han hecho un pésimo trabajo de crianza. Seguramente conoces algún caso que podríamos mencionar de inmediato en esta sección.

Algunas personas simplemente no están inclinadas a tener hijos por una u otra razón y tal como lo mencioné anteriormente, los motivos son común denominador en casi todas las culturas del mundo. Mi motivo, en particular, es que todos debemos ayudar a sanar este planeta y uno de los caminos es reduciendo nuestro nivel de reproducción sin control. Debemos dejar de lanzar bebés al planeta como si fueran semillas en un campo infinito. Afortunadamente hay un gran número de personas que comparten esta idea y, curiosamente, tienen la tendencia de percibirse a sí mismos como ciudadanos planetarios, no como ciudadanos de ningún país en particular.

Esa perspectiva de verse a sí mismos como ciudadanos del planeta tierra, les ha permitido a muchas personas ver con mayor claridad que somos una sola sociedad separada por líneas imaginarias y costumbres impuestas, muchas de ellas ya obsoletas.

Un amigo cirujano me comentó lo siguiente: "Nuestra sociedad planetaria ha practicado el control de la muerte con mucho éxito, cada vez somos más longevos. Esto debemos equilibrarlo urgentemente con el control de la natalidad. Irónicamente la sobrepoblación no es una consecuencia del fracaso de la humanidad, sino que es una muestra de que se ha excedido en su propio éxito".

Para que no te sientas tan culpable por no aportar más gente al mundo, te recomiendo visitar la siguiente página donde hay estadísticas detalladas sobre nuestra población:

https://www.populationinstitute.org/

La aceptación de este maravilloso estilo de vida, "la vida sin hijos", va a tomar generaciones, ya que gran parte de la humanidad todavía no digiere el problema real de un crecimiento poblacional descontrolado. Como dice uno de los principales detractores de mi vida sin hijos: "¿por qué alguien querría vivir una vida diferente a lo que dicta la naturaleza? La población no es tu problema, la naturaleza encontrará el camino". ¿Recuerdas las palabras de Henry W. Kendall un par de páginas atrás? Si le dejamos ese trabajo a la naturaleza, lo va a llevar a cabo de manera brutal.

Es hora de tomar muy en serio el tema de la superpoblación humana y por eso el planeta necesita, más que nunca en toda en su historia, de personas como tú. Tengo la esperanza que las próximas generaciones, con sus niveles de educación superior, tomen medidas serias y éticas en el asunto. Ojalá no despertemos demasiado tarde a esta realidad y terminemos diciendo que, nuestra anunciada tragedia, es un castigo de los amigos imaginarios o que era algo que simplemente estaba escrito en los libros de los duendes.

Puedo asegurar, por experiencia propia y por la experiencia de muchas de las personas entrevistadas, que existe una "MARAVILLOSA VIDA SIN HIJOS" esperando por ti, una vez te despojes de la inmensa responsabilidad de procrear y criar.

LA SOCIEDAD Y EL SER HUMANO

El crecimiento de la población está presionando los recursos del planeta tierra a un punto de quiebre y educar a las niñas es el factor más importante para estabilizarlo. Eso, además de ayudar a las mujeres a ganar poder político y económico y protegiendo sus derechos de reproducción.

Al Gore

Durante gran parte de la historia de la humanidad el objetivo primario de una pareja era la procreación y el de la mujer era... adivinaste... parir y criar, mientras el esposo llegaba con la comida. Esto se debe a que a través del incremento de la población se fortalecía la sociedad. Seamos realistas, necesitábamos mucha más mano de obra en la antigüedad debido a la falta de maquinaria y ni hablar del constante suministro de soldados para protegernos de los vecinos... los vecinos pensaban exactamente lo mismo.

No olvidemos que en el pasado éramos mucho más vulnerables a ser devorados por tigres, osos, cocodrilos, leopardos, tiburones y hasta por los eventuales vecinos caníbales. Parece mentira, pero todavía sucede y en algunos programas de televisión vemos historias de personas devoradas por tribus de caníbales durante sus aventuras vacacionales alrededor del mundo, pero definitivamente en mucha menos proporción que antes.

Los seres humanos nos hemos asegurado de que nuestros potenciales depredadores no entren en las ciudades y realmente quedan muy pocos caníbales... que nosotros sepamos...

La naturaleza controla las poblaciones de seres vivos a través de muchos y diversos mecanismos, especialmente la depredación y las enfermedades, pero nosotros pasamos muy rápido en nuestra historia a la cúspide de la pirámide *alimenticia*, sin ningún depredador que amenace nuestro crecimiento poblacional y con un muy buen suministro de medicinas de todo tipo, avanzados tratamientos genéticos e intervenciones quirúrgicas, las cuales, sin lugar a duda, nos alargan la permanencia en este mundo.

Hoy en día los principales enemigos de nuestro crecimiento poblacional son: nuestra propia, y siempre presente, violencia (suicidios, homicidios y guerra); los accidentes de tránsito, las caídas, los ahogamientos, las quemaduras y el envenenamiento, este último puede ser accidental o inducido. También hay que darle mérito a las enfermedades crónicas que muchos médicos atribuyen a nuestros malos hábitos alimenticios y al famoso stress.

En lo que respecta a animales, el lugar de honor como principal asesino de seres humanos lo ocupa el mosquito. Un amigo médico me dijo que los mosquitos matan más de medio millón de seres humanos anualmente. Según mi amigo, el segundo lugar lo ocupan las serpientes y el tercer lugar es para el mejor amigo del hombre, el perro. Este tercer lugar no me lo hubiera imaginado ni en mi sueño más salvaje.

Sea como sea, las muertes atribuidas a animales, ya sea que se trate o no de depredadores, no tienen un impacto significativo actualmente sobre nuestra población. Hoy en día es más factible morir por un accidente mientras tomamos una ducha caliente, que morir por el sorpresivo ataque de un leopardo, o tal vez un ataque del perro del vecino.

No obstante, este concepto del pasado sobre la procreación necesaria quedó tan profundamente arraigado en nuestro subconsciente social, que todavía seguimos incrementando nuestra población sin que nos perturbe, en lo más mínimo, el pensamiento de cuando detenernos.

Al momento de escribir este libro, en 2016, nuestra población estaba creciendo en más de 220,000 personas por día en promedio. Este es el resultado de las personas que llegan a este mundo menos las que se van.

Trata de imaginártelo por un instante... Cada domingo, mientras estés descansando en tu casa, en nuestro planeta habrá aproximadamente 1.5 millones de personas nuevas durante esa semana. Repito, 1.5 millones de personas nuevas son el resultado de los que nacen menos los que mueren. Será que finalmente tomaremos en serio nuestro propio crecimiento cuando seamos ¿10 mil millones?, ¿20 mil millones?, ¿30 mil millones?... Qué triste tener que llegar al punto donde, a través de leyes, tengamos que limitar la edad de un ser humano para que le vayamos dando espacio a los que llegan. Es una opción que no es tan irreal como suena, a menos que encontremos otro planeta donde mudar parte de nuestra población y continuar nuestro comportamiento viral.

Con una gran parte de la población que ignora las consecuencias de nuestra población y a este ritmo de crecimiento, lamentablemente lo más probable es que el control de la población llegará a través de leyes y no a través de auto control. Nuestra historia ha demostrado cruelmente que las leyes son más fáciles de masificar que la educación. Bueno, esto si tenemos suerte y sacamos adelante las leyes de procreación antes que el planeta tome cartas en el asunto.

Hay muchos estudios que tocan el tema de las causas de la violencia, siendo la "aglomeración" una causa muy clara de violencia. Me llamó mucho la atención una conversación que sostuve con una psicóloga infantil que ha estudiado por mucho tiempo el comportamiento violento de niños y niñas en las escuelas. Me comentaba la psicóloga, que estaba comprobado que la agresividad entre los pequeños estudiantes puede aumentar al elevar la densidad del grupo. Cuando un grupo de niños siente que están en estado de aglomeración, las interacciones amistosas sociales entre ellos se reducen notablemente, mientras que los impulsos destructores y agresivos revelan un marcado aumento de frecuencia y de intensidad. Esto es significativo, si comparamos esto con el comportamiento de los animales. Tengamos en cuenta que los animales pelean no sólo por resolver sus luchas por la supremacía, generalmente supremacía para beneficios de reproducción, sino también para aumentar el distanciamiento de otros miembros de la especie. Es decir, la violencia es una reacción natural ante la aglomeración.

Es muy sencillo imaginarse quién es más propenso a volverse violento mientras se dirige en un carro hacia el trabajo: ¿una persona que conduce entre las abarrotadas calles de ciudades como México o Bangkok, o alguien que conduce en las menos traficadas calles de Reikiavik, Islandia? No es una excusa volverse violento por el tráfico o por estar rodeado de mucha gente, pero si es importante tener en cuenta que somos, por nuestra propia naturaleza, más propensos a la violencia como respuesta a la aglomeración.

No tener hijos es una gran opción de vida, no solamente para tu propio beneficio sino para el beneficio de nuestro agobiado planeta y para el beneficio de la humanidad.

LOS RECURSOS Y LA CONTAMINACIÓN

Un mundo finito puede mantener solamente un numero finito de población; por lo tanto, el crecimiento de la población debe eventualmente ser cero.

Garrett Hardin

Pensemos un poco en lo siguiente: el problema son los combustibles fósiles, la minería, la energía nuclear, las bolsas plásticas, la constante deforestación para producir aceite de palma, casas, carreteras, canchas de golf, muebles; ¿o el problema es que simplemente nosotros necesitamos demasiados combustibles fósiles, demasiada minería, demasiada energía nuclear, demasiadas bolsas plásticas y demasiado aceite de palma?

No te parece que lo que catalogamos como los grandes problemas de la humanidad son simples consecuencias del real problema de fondo: "somos demasiadas personas inconscientes de nuestro crecimiento sin control". El problema empeora cuando le añadimos que la gran mayoría deseamos tener demasiadas cosas. ¿Te has asomado últimamente a tu bodega o a tu garaje? Cuántas cosas inútiles en los garajes y bodegas de muchos de nosotros.

Sin embargo, cabe anotar que inclusive poseer demasiadas cosas no sería un problema si estuviera balanceado con un control consciente de la población.

Imaginémonos que usamos de manera más eficiente todos los recursos, con más fuentes de energía limpias. Aun así, vamos a llegar, sin lugar a duda, al inevitablemente momento en el cual tendremos que controlar nuestra propia multiplicación porque nuestro planeta es finito, con recursos finitos, razón por la cual, solamente podrá mantener un número finito de personas. No podemos seguir comportándonos como conejos.

Este concepto dejaría de ser un hecho en nuestro futuro solamente cuando tengamos la tecnología y la capacidad para encontrar y poblar otros planetas que nos puedan sostener o cuando podamos construir estaciones espaciales que puedan albergar permanentemente grandes poblaciones humanas.

Todas las soluciones serían temporales ya que nuestro comportamiento viral nos llevaría, una y otra vez, a construir naves cada vez más grandes o encontrar más planetas a medida que vamos llenando los que encontramos.

Con todo esto no estoy sugiriendo que la contaminación no sea un problema. La contaminación si es un gran problema, es una realidad innegable, está a la vista de todos, no hay como ocultarla debajo de la alfombra. Sin embargo, debemos verlo desde la perspectiva de la causa principal de la contaminación para poderla entender mejor y poderla revertir más eficientemente.

Todo ser vivo afecta su medio ambiente, lo "modifica" de una manera u otra, pero solamente una sobrepoblación incesante de seres vivos afectará su medio ambiente más allá de la capacidad de éste para recuperarse. Somos el único ser biológico que ha creado un desbalance con el planeta, del cual el planeta mismo no ha podido defenderse, por ahora. Todos los demás animales que han llegado a causar un desbalance con el planeta por su superpoblación terminan siendo víctimas de su propio descontrol. Los animales resuelven el tema de la superpoblación a través de migraciones, ¿te suena familiar? Es decir, cuando acaban con una zona o cuando dicha zona ya no les puede ofrecer la cantidad de recursos que necesitan, entonces se mueven hacia la otra.

La naturaleza reacciona incrementando el número de depredadores, lo cual a nosotros no nos sucede. No hay suficientes tigres para disminuir nuestra población. Cuando no hay suficientes depredadores, las especies con superpoblación generalmente encuentran el balance después de una época de hambruna, ya que han agotado los recursos, tal como sucede con algunas especies de roedores. Interesante que, durante las épocas de hambruna, las madres se comienzan a comerse a sus propias crías.

Algunas especies tienen la fantástica capacidad de auto controlar su propio crecimiento poblacional, tal como la ardilla del ártico, cuyas hembras reducen su capacidad de reproducción en épocas en las cuales la población crece demasiado con respecto a los recursos de su medio ambiente. Inclusive algunas ardillas del ártico mueren durante el proceso de hibernación, reduciendo así aún más la cantidad de individuos. Los animales autorregulan sus procesos reproductivos dependiendo de la disponibilidad de recursos. La naturaleza está en un perfecto balance con todos los animales y las plantas, excepto con nosotros, el "simio inteligente".

Durante un viaje en Inglaterra tuve la oportunidad de escuchar un grupo de ambientalistas criticando al gobierno por su política favorable a la explotación petrolera y la aprobación de nuevas actividades mineras. Mirando más en detalle a la multitud, me di cuenta que absolutamente todos a quienes observé, tenían un celular en sus manos filmando y tomando fotos del evento y podría decir que aproximadamente tres cuartas partes de los asistentes, vestía calzado deportivo de marcas reconocidas mundialmente. Qué ironía ver una gran multitud de personas criticando, pero al mismo tiempo consumiendo productos que solamente pueden ser fabricados con las actividades industriales que estaban criticando. ¿O de dónde creen que salieron los celulares y los zapatos? En sus mentes fantasiosas tal vez se imaginaron que crecen en los árboles de algún lejano país de las maravillas.

¿Cómo podrían tener un celular en sus manos sin minería o calzado deportivo sin la industria petrolera? Eso sin mencionar el papel aluminio que envolvía sus sándwiches, las bolsas plásticas que les entregaban a la entrada de la convención y los cientos, o tal vez miles de hojas impresas con información que muy probablemente solo pocos asistentes iban a leer.

Curiosamente no hubo un solo comentario relacionado con la población, como si nuestro creciente número no tuviera el más mínimo efecto en la necesidad que tenemos los seres humanos en hacer más minería y perforar más pozos petroleros, simplemente para suplir las necesidades de los aproximadamente 1.5 millones de seres humanos nuevos por semana.

Esa misma tarde, uno de los manifestantes con trajes blancos al estilo hindú y zapatillas deportivas, se sentó a mi lado y, afortunadamente para mí, me preguntó si yo tenía conciencia ambiental. Solamente un par de preguntas tuve que hacerle para darme cuenta que no tenía conocimiento sobre el impacto de la minería y el petróleo en los productos que actualmente usamos los seres humanos en nuestro día a día. Era simplemente una persona criticando, sin la más remota idea de que era lo que criticaba y sin ninguna propuesta concreta para mejorar. Era como escuchar a un loro repitiendo lo que estaba escrito en los titulares de todos los folletos que habían repartido.

Cuando pasamos al tema de la superpoblación humana, me quedó muy claro que tampoco tenía la más remota idea de cuantas personas había en el planeta, ni siquiera podía tener un estimado aproximado de la población en Inglaterra, hacia donde había inmigrado más de 20 años atrás. Tampoco sabía nada sobre la rata de crecimiento de la población global y del impacto de esta tendencia a nuestro planeta.

Es lamentable lo fácil que es convencer una multitud para que critique una actividad económica o una industria, sin que tengan la más remota idea del impacto positivo en nuestra sociedad de aquello que critican.

Los carros, los aviones, los trenes, los centros comerciales, los barcos, todos ellos existen para cumplir con las necesidades de una sociedad cada vez más numerosa. Por otro lado, hay grupos humanos que viven al margen de los adelantos científicos. Por supuesto que con este estilo de vida podríamos albergar a muchísimos más seres humanos porque consumiríamos menos, sin embargo, estaríamos amputando la principal herramienta que nos ha dado la naturaleza, el cerebro.

Somos exploradores por naturaleza, somos curiosos. La única manera que tenemos para que la humanidad sobreviva más allá de la existencia del planeta tierra es a través de la tecnología. No hay ninguna súplica a los dioses del olimpo o ninguna pócima mágica que nos haga progresar como civilización. Solo lo podemos lograr a través de la ciencia. Muchos de nuestros adelantos en estos momentos contaminan, consumen muchos recursos, pero podríamos controlar tanto el consumo como la contaminación al controlar la causa de todo, no solamente la consecuencia.

No tener hijos es una gran opción de vida, no solamente para tu propio beneficio sino para el beneficio de nuestro agobiado planeta y para el beneficio de la humanidad.

EL TRABAJO Y EL HOBBY

Es de gran ayuda para todos los aspectos de tu vida enamorarte locamente de algo, que sea lo primero en lo que pienses cada día, eso es el hobby. Si tu hobby es tu trabajo, entonces eres una de las personas más afortunadas del planeta.

Roberto Ortiz, instructor de buceo

Hay muchas, muchísimas ocupaciones que puede desempeñar un ser humano en el transcurso de su vida. Podemos ser médicos, taxistas, arquitectos, jardineros, amos de casa, cocineros, periodistas, músicos, profesores, escritores, psiquiatras, deportistas, etc. Cientos, o tal vez miles de páginas se podrían llenar enumerando las actividades que puede llevar a cabo un ser humano, adicional a las actividades y profesiones, las cuales se van especializando a medida que avanzamos tecnológicamente.

No todos podemos ser médicos o taxistas porque quién construiría los edificios ¿Cierto? ¿Quién haría el pan y el café que nos alegran las mañanas? De manera similar, no todos los seres humanos debemos asumir el rol de "reproductores".

Como ya lo habrás notado, en este capítulo estamos poniendo a la reproducción y la crianza en la perspectiva del "trabajo", porque realmente creo que los padres responsables asumen un trabajo 24/7 una vez tienen un hijo y, cabe anotar, es el trabajo más difícil del mundo.

Por otro lado, hago énfasis en que no estamos teniendo en cuenta a los malos padres, aquellos irresponsables causantes de tantos niños abandonados y de tantos adultos con problemas por la ausencia de sus padres, o por la ausencia de uno de ellos durante los años más importantes de la crianza.

Durante una cena de Acción de Gracias en Miami, tuve la oportunidad de escuchar una conversación entre parejas con hijos y un soltero, con respecto del trabajo. Paul, el único soltero de la reunión, estaba dando detalles sobre el decrecimiento en los ingresos que él había tenido, como consecuencia en la baja de adquisición de nuevos clientes y lo comparaba contra los incrementos en los costos de vivir en Miami Beach. Tanto turismo, — comentaba Paul—, mantiene los costos para los residentes muy elevados, especialmente en todo lo relacionado con entretenimiento, restaurantes y vivienda—. Durante aproximadamente una hora escuché con mucha atención a Paul y aprendí mucho sobre los costos de vivir en una ciudad de Estados Unidos, la cual se caracteriza por su gran atractivo turístico para casi todos los habitantes del planeta, incluyendo USA.

Barbara, una de las mujeres casadas que se encontraba en la cena con nosotros, decidió dejar su trabajo para dedicarse de lleno a criar a su hija, con todos los sacrificios económicos que implica que una familia viva de un solo ingreso en una ciudad como Miami Beach.

Esta decisión es 100% apoyada por su esposo, Elias, quien complementa los comentarios de Barbara diciendo que —la crianza de un hijo es más importante que trabajar—. Yo estoy de acuerdo.

Entrado el calor de las copas de vino, Barbara le dijo a Paul que no debería quejarse tanto de su trabajo ya que era un privilegio tener ingresos en un momento tan difícil para la economía norteamericana en general. La reacción inmediata de Paul fue decir que ella no tenía la más remota idea de lo que hablaba, porque no estaba sometida al "stress" de una vida normal con un empleo. Es a partir de este instante donde realmente se tornó interesantemente dramática la conversación...

La frase de Paul dio paso a un monólogo de parte de la "notablemente enfurecida" Barbara, quien procedió a explicar, en vívidos detalles, todas las tereas de una persona que está dedicada 100% a la crianza de una niña. Empezó por explicar cómo son las madrugadas para levantar a su hija, lo cual no es para nada una tarea fácil para muchos padres. Algunos niños y niñas simplemente se levantan cuando los padres los llaman, pero la mayoría de los chiquillos requieren de constantes avisos, de quitarles las sábanas de encima, las almohadas y hasta sacarlos de la cama cargados y ponerlos dentro de la ducha. Esto es mucho más retador que lo que pueden expresar las palabras.

— Luego de bañarlos, continúa el proceso de vestirlos, prepararles el desayuno, alimentarlos, calmarle las pataletas porque no quieren ir a la escuela, transportarlos hacia la escuela mientras se quejan, darles soporte psicológico mientras conduces porque la pataleta no se detiene, recogerlos, traerlos de vuelta, darles soporte psicológico al regreso de clases porque tuvieron un problema con algún amiguito o porque no les gusta la maestra, convencerlos de que cenen, convencerlos que se duchen, llevarlos a actividades extra curriculares, eventualmente llevarlos al médico, etc. Todo esto, generalmente sin la cooperación de los hijos, ya que algo siempre les incomoda—.

No estoy seguro de cuánto tiempo tardó Barbara dando los detalles, pero, dado que el tiempo es relativo, sentí que estuve escuchando por muchas horas todo lo que hace una madre en un solo día por un hijo. Definitivamente tuvo que ser más de una hora porque me había bebido una botella entera de vino yo solo, pero extrañamente no sentía en lo absoluto los efectos del alcohol. Creo que el stress que me produjo escuchar la historia de Barbara me hizo sudar el alcohol.

Cuando miré a Paul, su cara parecía no pertenecerle a su cuerpo, no tenía expresión, como si por primera vez estuviera entendiendo los pormenores de la crianza. Cuando pareció regresar a sus sentidos, solamente se limitó a decir, —creo que acabo de darme cuenta de que no quiero tener hijos—. Todos los asistentes a la cena de Acción de Gracias explotaron en una gran sonrisa y un gran brindis que el mismo Paul propuso, —por las personas con el trabajo más difícil del mundo... las madres que no van a la oficina—.

Hay un video que me gusta mucho en YouTube, el cual describe las tareas de una mamá como si fuera un empleo disponible para "Director de Operaciones" y hacen una entrevista a varias personas. Es muy interesante ver la reacción de las personas a medida que describen las tareas y cuando llegan al momento culminante de explicar el salario. El video lo puedes encontrar escribiendo en el buscador de YouTube: "World's Toughest Job"

Una de las cosas que casi nunca menciona la gente cuando hablan de trabajo es acerca de la importancia de tener un hobby, que ayude a mantener el balance entre el trabajo y la vida cotidiana.

Un correcto balance entre trabajo y la vida cotidiana puede ser logrado a través de un hobby, lo cual no solamente te permite una mejor vida, sino que te convierte en una mejor persona, mejora tu estado de ánimo, aumenta el nivel de confianza en ti mismo, mejora tu red de contactos ya que te expones a relaciones con intereses similares y, definitivamente, ayuda a reducir el stress. Todas estas mejoras en cualquier persona la llevan inevitablemente a ser mucho más eficiente en el trabajo.

Una vez te sumerges en las aguas de un hobby, mejor conocido como el "lujo de la vida moderna", comienzas a tener esa sensación de que te estás volviendo bueno en algo nuevo, estás desarrollando nuevas habilidades, estás cambiando tu propio proceso de pensamiento y toma de decisiones, al mismo tiempo que conoces personas que no hubieras tenido la oportunidad de conocer en tu vida sin el hobby y que, seguramente, van a traer cosas interesantes a tu vida y tú a las de ellas, porque tienen algo muy importante en común.

Curiosamente, lo que he podido identificar en todas las personas que conozco y que tienen hobbies, es que mientras menos relacionado esté el hobby con el ambiente de trabajo, mayor será el impacto positivo en el desempeño, tanto del hobby como del trabajo. Lo anterior no es cierto solamente si eres uno de los muy afortunados que pueden hacer el dinero suficiente para vivir del hobby.

De manera casi subconsciente, buscarás la forma de hacer mejor tu trabajo en menos tiempo para poder disfrutar de tu hobby. Soy fiel prueba de esto, cuando tengo la moto en el parqueadero de la oficina, hago mi trabajo aproximadamente en dos terceras partes del tiempo que necesito cuando tengo que regresar en auto o en bus. Tal cual como suena, en vez de reducir tu rendimiento en el trabajo porque quieres salir a disfrutar de tu hobby, terminas haciendo tu trabajo mejor y en menos tiempo porque eres una persona más completa, más feliz y llena de ti mismo. Es una situación gana—gana, tanto para tu trabajo como para tu propia vida.

Tener un hobby demanda tiempo, es una realidad, de manera que tener uno o varios hijos va a reducir dramáticamente el tiempo que tendrías disponible para un hobby, sin mencionar que también tendrás menos energía a causa de la que demandan los pequeños.

Con hijos en tu vida, tu tiempo ya no será más tu tiempo y habrá mucho menos de ese tesoro disponible para dedicarle a un hobby. No tener hijos te abre un mundo de posibilidades para que lleves a cabo todas esas actividades que siempre has querido hacer. A continuación, una breve lista de algunos de los hobbies más populares que mencionaron mis entrevistados:

Yoga: Conozco muchas personas que aseguran que sus vidas cambiaron desde la primera clase. Luce muy difícil, sobre todo aquellas posiciones donde tienes que meter la cabeza entre las piernas. Los practicantes dicen que trae muchos beneficios a la salud mental y física y que es una de las mejores prácticas para mejorar la circulación y la digestión. Sean cuales fueren los beneficios, es en definitiva una práctica que está ganando adeptos rápidamente por todo el mundo y podrás encontrar clases en casi todos los gimnasios, parques y hasta te pueden dar clases a domicilio en caso quieras un ambiente más personalizado. Tengo un primo que viaja todos los años a la India para hacer un retiro de dos semanas de yoga y meditación, sin celulares, televisores, radios, nada que te pueda conectar al mundo exterior. Debo admitir que he notado que es una persona mucho más tranquila de lo que solía ser y se ve en muy buena forma. Desapareció en solo un año la enorme barriga que lo acompañó por 10 años. Por supuesto que no solamente se limita a esas dos semanas por año, nada de eso, practica yoga todos los días. En caso te decidas a practicar yoga, por favor asegúrate que sea guiado por una persona certificada, así te evitarás entradas innecesarias al hospital.

Tocar un instrumento musical: Durante una reunión de ventas, desde temprano en la mañana me había dado cuenta que estaban instalando una máquina de espressos en la mesa donde estarían los refrigerios de las 10:00AM. El olor a café y a chocolate pronto invadió las salas de reuniones y yo añoraba el momento en el cual podría disfrutar de un espresso doble y una torta de chocolate negro. Una vez llegó la hora de descanso, me dirigí rápidamente a la zona de refrigerios donde me encontré con mi amigo Marco, el único que había sido capaz de llegar primero que yo. Todavía no entiendo como lo logró.

Después de disfrutar de los refrigerios, acompañé a Marco al jardín para tomar un poco de aire fresco y disfrutar de la formidable vista al mar.

De camino al jardín noté que había un hermoso piano de cola negro, el cual sería parte de un evento musical para esa noche. Inmediatamente le comenté a Marco que el piano era una de esas cosas a las cuales me gustaría invertirle tiempo durante mi retiro. Sonriente me dijo que él también había pensado seriamente en dedicarse a tocar el piano durante su retiro pero que ya había comenzado a tomar clases desde hacía dos años. Incrédulo lo reté a que tocara algo... Los siguientes cinco minutos fueron una perfecta ejecución de "Para Elisa" de Ludwig van Beethoven. —¿Cuantos años llevas de clases?, —pregunté incrédulo de lo que acababa de escuchar, aun cuando ya me lo había dicho. —Dos años, —repitió Marco.

Dos años son un suspiro en la vida y si tienes que dedicar dos años para tocar un instrumento musical, de corazón te digo que no lo pienses dos veces. Confieso que lo he intentado, pero al parecer no tengo las conexiones cerebrales adecuadas para tocar una pieza compleja en la guitarra... pero al menos aprendí a rasgar un par de notas.

Otra de las grandes sorpresas que me ha dado la música, sucedió mientras esperaba tomar un vuelo de Londres a Hong Kong. Esta vez el protagonista también fue un piano. Justo ahí, en la sala de espera de Thai Airlines, en el aeropuerto de Heathrow, había un piano.

Un señor, de clara apariencia oriental, caminaba de un lado a otro, como tratando de cansarse o de hacer las paces consigo mismo antes del viaje de 12 horas. Se detuvo de repente y en ese momento me di cuenta que también él había notado el piano. Su rostro se asemejaba más al de una persona que había visto un fantasma que al de alguien que ha visto un instrumento musical. Caminó lentamente hacia el piano, casi con un ritmo fúnebre, como deseando no desilusionarse ante la posibilidad que fuera una réplica o que tuviera unos de esos letreros que generalmente se encuentran en los pianos en los lugares públicos "no tocar". Su expresión fantasmal cambió por una sonrisa casi infantil una vez estuvo justo en frente del instrumento. Yo estaba mirándolo fijamente, casi sin pestañear, pero él parecía no notar mi presencia ni mi mirada fija. Corrió la silla, se sentó, se acercó al piano y sin más preámbulo toco una melodía de transformó esa sala del aeropuerto en una sala de concierto. No recuerdo que melodía tocó, yo estaba muy feliz, absorto, simplemente deleitándome del concierto de aquel completo desconocido. La sala explotó en un aplauso al final de la faena. Cuando miré alrededor solo podía ver sonrisas, todos estaban alegres, no había más caras de preocupación entre la multitud, no había más señales de cansancio, todos sonreían, fue un gran comienzo para un largo viaje en avión. Esto, mi amigo, esta cercanía con lo celestial, se puede lograr con un instrumento musical. ¡Vaya hobby!

Voluntariado: No tener hijos no implica que exista un desinterés por la juventud. Ser voluntario es como un trabajo extra, generalmente sin retribuciones económicas, pero con retribución emocional y con gran impacto social. La satisfacción de poner conocimiento útil al alcance de jóvenes es una experiencia como casi ninguna otra en la vida. Por favor haz todo lo posible por no irte de este mundo sin antes haber dado la oportunidad de brindar educación de calidad a un ser humano.

Jugar en un equipo: El fútbol es el deporte con más seguidores en el planeta. Lamentablemente la gran mayoría de los seguidores no lo juegan porque necesitan de un equipo y formar parte de un equipo requiere de disciplina de todos y cada uno de los integrantes del equipo para que funcione el hobby. La complejidad se ha reducido un poco con la introducción del Futbol 5 y Futbol 7, ya que se requieren menos personas para coordinar partidas. Hay también equipos de fútbol que tienen sesiones de práctica a las cuales hay que asistir para tener derecho a ser parte de los juegos o torneos. A menos que seas un jugador innato claramente mejor que los demás o a menos que seas quien paga por el alquiler de la cancha, los uniformes, las bebidas, etc., no te van a permitir jugar en un equipo si no asistes a las sesiones de práctica. Hay muchos otros deportes muy entretenidos que requieren de un equipo, tales como el béisbol, rugby, ciclismo de ruta, etc. Todos esos deportes en equipo te dan la maravillosa oportunidad de incrementar tu red social mientras regalas momentos de incalculable felicidad a tu vida.

Aprender idiomas: Este hobby es muy placentero y, si le dedicas al menos 2 años, te podrá traer muchas satisfacciones, especialmente cuando viajas al lugar donde se habla el nuevo lenguaje que aprendiste. Para quienes el español es la primera lengua, idiomas como el portugués, francés o italiano, son buenas opciones para aprender sin la necesidad de estudiar por años y años. Aprender idiomas es una gran "gimnasia cerebral" y es recomendado por doctores alrededor del mundo para retrasar los efectos del Alzheimer y la demencia. Hay varios artículos interesantes a este respecto en muchas revistas científicas, tales como National Geographic, Discovery, etc. No te pongas a buscar artículos serios en revistas que acostumbran a publicar los amoríos de los artistas de Hollywood o de la realeza de algún país europeo.

Recuerdo con un especial cariño cuando viajé por primera vez a Roma con mi esposa. No solamente estaba totalmente anonadado con la belleza de la ciudad, sino también con la amabilidad de las personas y el inolvidable olor del vino que sirven en jarras de vidrio o de barro en las interminables callecitas que se entrelazan a lo largo y ancho de la ciudad. Toda esa maravillosa experiencia fue mucho más placentera cuando, de repente y sin pensarlo dos veces, estaba poniendo en práctica los dos años que estudié italiano previo al viaje. Cabe anotar que estudié cada vez que me iba en auto hacia mi oficina. En vez de escuchar las noticias o música, me dedicaba a mis clases de italiano. Es indescriptible la sensación de comunicarse en otro idioma cuando es por "puro placer". Nadie me ha pagado un solo peso por hablar italiano, sin embargo, me ha dado tanto placer que por eso lo considero invaluable. Soy insistente con este tema, te invito a que aprendas una nueva lengua y vayas de vacaciones a ponerla en práctica. Además, vas a conocer personas maravillosas que no hubieras conocido de no haber tomado esta decisión.

¿Cuál otro hobby se te ocurre? ¿cocinar? ¿lanzarte en paracaídas? ¿trotar? ¿pintar? ¿coser? ¿bailar? ¿esquiar? Existen cientos, tal vez miles de opciones… anímate.

No tener hijos es una gran opción de vida, especialmente buena para disfrutar plenamente de tus hobbies favoritos.

LA CURIOSIDAD DE LOS DEMAS

Quienes más te presionan para tener hijos, en la mayoría de los casos, son quienes más quisieran estar en tu lugar.

Laura – empleada multinacional

¿Por qué necesito una razón para no tener hijos? No he visto nunca a nadie preguntarle a una pareja las razones por las cuales sí los tienen.

Yong—Chuan – Arquitecto

Los seres humanos somos criaturas curiosas por naturaleza y somos mucho más curiosos cuando se trata de saber sobre la vida privada de otras personas. ¿Por qué crees que hay tantos programas de televisión y revistas sobre chismes? ¿De dónde crees que se sustenta el éxito de los realities?... de la curiosidad del ser humano por saber sobre la vida de los demás.

No solamente juzgamos y somos constantemente juzgados, sino que también caemos en el juego de percibirnos como parte de la conciencia de otra persona. Con esto quiero decir que nos interesa mucho la opinión de los demás, al punto de modificar nuestras vidas a cambio de aceptación social. Algunas veces, aquella persona por la cual estamos cambiando nuestro comportamiento, a cambio de su aceptación social, tal vez ni siquiera se haya dado cuenta que existimos y todos aquellos esfuerzos por lograr su aceptación, entonces serían en vano.

En todo este juego de juzgar, ser juzgado y adaptar el comportamiento, la mayoría de las personas caen en la peligrosa práctica de compararse unos con otros. Digo "peligrosa" porque yo siempre he considerado que compararse con otras personas es el camino más seguro hacia la infelicidad. Siempre vas a encontrar personas sobre las cuales te vas a considerar superior (no importa cuáles sean las variables bajo las cuales haces la comparación) y también vas a encontrar otras personas a las cuales vas a considerar superiores a ti (de nuevo, independiente de las variables que hayas elegido, vas a encontrar de los dos tipos en el transcurso de tu vida).

Lamentablemente el cerebro se enfoca con más atención en aquellos que están mejor que tú, sea cual sea el aspecto que hayas decidido escoger como medida para la comparación. Solamente estarás libre de este demonio mental cuando seas mejor, en aquello que decidiste medirte, que todas las demás personas. Esto les sucede a algunos deportistas cuando se convierten en campeones mundiales. Ni modo, ¿cierto? En el momento en el cual eres el campeón mundial temporal, eres el mejor y todos los demás estarán temporalmente por debajo de ti.

Este demonio mental de hacer comparaciones constantes te convierte en presa de muchas personas. La razón es porque al ser un individuo sin hijos, atraes mucha curiosidad de personas que van a querer comparar sus vidas con la tuya. Sin duda tendrás que acostumbrarte a las constantes preguntas, en algunas ocasiones hostiles, de parte de curiosos, familiares, amigos reales, amigos temporales, amigos falsos, conocidos, desconocidos, compañeros de trabajo, en fin. La curiosidad no conoce fronteras ni parentesco y se torna más aguda después de un par de copas.

No importa el tipo de reunión en la cual te encuentres, si tienes o no una pareja, si estás o no casado, inevitablemente, en el momento menos esperado, alguien hará una pregunta relacionada con los hijos. De esto no te vas a escapar.

A continuación, relaciono solamente las preguntas y comentarios que tienen una posición de honor en el listado total, ya que fueron las más frecuentemente citadas por la inmensa mayoría de entrevistados. Ten en cuenta que no solamente entrevisté a personas sin hijos con respecto a las preguntas que más les hacían, sino que también entrevisté a personas con hijos sobre las preguntas que ellos hacían.

De antemano, lo que te puedo sugerir, es que no te incomodes ni trates de defender tu posición de manera agresiva cuando te encuentres siendo el objeto de preguntas y comentarios con respecto a tu falta de hijos. Respira profundo, usa selectivamente el sarcasmo y disfruta de la velada. En esta parte del libro vas a encontrar muchas ideas de cómo responder a tantas preguntas y no olvides, ni por un instante, que la mayor parte de las veces, quienes más te presionan para que tengas hijos, son los que más desearían estar viviendo tu maravillosa vida sin hijos.

Habiendo dicho esto, también debes tener en cuenta que sí existe un grupo de personas que hacen preguntas por una curiosidad honesta. Estas personas son fáciles de identificar y con ellos puedes ser realmente honesto y exponer todas las maravillas de tu vida sin hijos que explicamos más adelante. Para todos los demás, basta con una simple sonrisa y, nuevamente, un poco de sarcasmo selectivo.

Ahora sí, sin más preámbulos, en las próximas páginas vas a encontrar el listado de las 25 preguntas y comentarios.

También te compartiré algunas vivencias propias y de mis entrevistados, las cuales están directamente relacionadas con cada una de las preguntas.

No.1 ¿Qué estás esperando?

No tenía la más remota idea que tener hijos era una obligación y mucho menos que había una fecha estipulada para cumplir con ella. ¿Qué estoy esperando? Por ahora lo único que estoy esperando es que el mesero me traiga un whiskey doble para poder soportar a todos los curiosos.

Literalmente, si te preguntan qué estás esperando para hacer algo, es porque la acción está considerada como inminente para quien hace la pregunta y lo único que se interpone en el camino para que suceda es el tiempo. Esta pregunta da por hecho que sí vas a tener hijos.

Es tan fuerte la relación que existe en el subconsciente de muchas personas con respecto a los hijos que lo primero que se les puede ocurrir es que la persona o la pareja sin hijos estén esperando por algo, sin siquiera detenerse por un momento a considerar la opción que no todos queremos hijos y que no todos estamos esperando algo antes de traer más gente a un mundo que, a propósito, ya tiene más que suficientes.

Una pareja de amigos de Brasil tiene una respuesta muy peculiar para este tipo de situaciones: —Si no quieres tener hijos y tu vida está funcionando bien, entonces no vale la pena arriesgarte a dañarla por cumplir con una tradición social. Esa sociedad que quieres complacer no va a venir al rescate si algo sale mal—.

Por otro lado, el famoso "reloj biológico" del cual hablan muchas personas, es una especie de conteo regresivo del cual no hay posible escapatoria. A las personas que hemos decidido no tener hijos, constantemente nos van a bombardear con la idea que nos vamos a arrepentir cuando sea demasiado tarde, ya que el "reloj biológico" no puede ser engañado.

Quienes más sufren con comentarios referentes al "reloj biológico" son, sin lugar a duda, las mujeres, a quienes reiteradamente les dicen que después de los 35 años es muy peligroso tener hijos. Al menos yo he escuchado esta afirmación en reiteradas oportunidades.

Tengo que admitir que con el paso de los años he comenzado a escuchar que las mujeres pueden esperar a tener su primer hijo hasta los 40. Hay una especie de obsesión entre algunas personas con hijos de presionar a mujeres sin hijos para que no dejen pasar el "momento oportuno" para tener el primer hijo. En algunos casos extremos, algunas personas inclusive sugieren a mujeres sin hijos que tengan un hijo, así sea con un buen amigo, así el padre no vaya a tener nada que ver con la criatura en el futuro. Dicen que esto es una mejor opción que no tenerlos.

Caso contrario ocurre con los hombres, a quienes las sociedades modernas les dan el beneficio de la duda, casi siempre acompañada de la entretenida historia de algún abuelo, de algún conocido, que embarazó a su joven novia cuando el supuesto semental estaba por cumplir los 70 años. ¿Has escuchado alguna vez una historia parecida? Por mi parte, de estas historias he escuchado muchas y las personas que las cuentan, cuando son hombres, las comentan con cierto sentido de orgullo y tratan de aliviar a todo hombre en la habitación que no haya tenido hijos. El mensaje es claro, las mujeres deben decidirse mucho más rápido que los hombres. La viejita no tiene ninguna opción de quedar embarazada por un novio joven, sin embargo, el viejito tiene todas las opciones del mundo para embarazar a su joven novia. Eso sí, más le vale al viejito que tenga bastante dinero, de lo contrario la joven novia existirá solamente en sus fantasías.

En las culturas menos avanzadas es todavía peor. Por muy loco que parezca, hay grupos humanos, clanes, culturas enteras, las cuales asignan una responsabilidad celestial a la reproducción. En estos casos, las mujeres que no quieren tener hijos se encuentran en serios problemas, ya que lo más probable es que su propia cultura las termine obligando a tener hijos o que se casen con alguien que ha sido asignado con anterioridad para que sea su esposo y al cual, obviamente, le tienen que dar el gusto de engendrarle un par de réplicas de sí mismo. Si la criatura se parece al padre, entonces la mujer es considerada como bendecida. Increíble que en algunas sociedades humanas todavía existan tamaños disparates.

No.2 ¡Ya basta de la vida fácil, es hora de tener hijos!

Generalmente esta afirmación viene acompañada de la muy predecible pregunta —¿cuántos años llevan casados? —implicando que el objetivo del matrimonio, o de las uniones libres, o de cualquier unión que se asemeje a una pareja, es la de tener hijos. Mientras más años lleves casado o en pareja, más atraerás este tipo de comentarios sobre la "vida fácil".

Afortunadamente, esta afirmación/pregunta viene convenientemente con la respuesta incluida y, si guardas absoluto silencio una vez te hacen el comentario, es como si ya hubieras respondido... ¿hay realmente algo que añadir en este caso? ¿quién en su sano juicio se cansaría de una vida supuestamente fácil y divertida en una existencia biológica tan corta en este mundo? Es fácil darse cuenta que, al hacer este tipo de cuestionamientos, la persona que la formula automáticamente relaciona los hijos con "vida difícil" y "poca diversión".

¿Recuerdas el dicho "mal de muchos, consuelo de tontos"? Creo que simplemente de esto es de lo que se trata. La gran mayoría no quiere compartir la alegría de ser padres sino la tristeza de haberse dado cuenta demasiado tarde que tu maravillosa vida sin hijos es, por decir lo menos, una maravillosa alternativa que nunca visualizaron hasta que te conocieron. Te convertiste sin querer en el héroe de sus pesadillas.

Durante una reunión de amigos de la universidad en Barranquilla, Colombia, me preguntaron por qué me veía tan cansado y ojeroso. Recientemente había regresado de un viaje de varias semanas a China y todavía estaba en el proceso de acomodarme a los cambios de horarios.

Cuando terminé de explicar las razones, una amiga que había tenido recientemente su segundo hijo comentó, —no tienes la más remota idea del significado de la palabra cansancio—. Viajar, trabajar, hacer deporte, eso no produce cansancio. El cansancio real es criar a un hijo—.

Esas palabras las recuerdo especialmente cuando me levanto los fines de semana sin la más mínima idea de qué voy a hacer y sin la más mínima intención de apresurarme a decidir qué hacer. La sensación de no estar mental y físicamente agotado y con absoluta libertad de tomar decisiones en el momento, es absolutamente maravillosa. El universo abre un abanico de posibilidades justo frente a ti, para decisiones tan simples como optar por desayunar en casa o en un restaurante, sentarse a escribir un libro, leer, ver carreras de motos o tal vez un juego de la *Champions League* o los *X—Games*, solo por mencionar cualquier cosa que me ha interesado, mucho o poco, durante el transcurso de mi vida. Piensa por un instante en todas las cosas que puedes añadir a esta lista basándote simplemente en aquellas cosas que te han interesado en el transcurso de tu propia vida.

Cabe anotar que el cansancio es un concepto abstracto, ya que no hay manera de medirlo como medimos el peso, el volumen, la temperatura, la distancia, la masa, la aceleración, etc. El cansancio es relativo y cambia dependiendo de tu capacidad para lidiar con el stress y por supuesto de tu capacidad para dormir bien y de tu condición física.

Sentirse orgulloso de vivir exhausto física y mentalmente, me deja serias dudas de la claridad mental de una persona que lo considera como una buena medida del sacrificio que implica criar un hijo. Digo esto porque mi amiga, María Teresa, quien me dijo que yo no tenía ni idea lo que era estar cansado, luce muy orgullosa de sí misma cuando comparte sus interminables historias sobre noches en vela, dolores de espalda, dolores de cabeza, de cadera, etc. Sí entiendo que sienta orgullo porque está haciendo una labor necesaria para la crianza de un ser humano, sin embargo, me mantengo en mi opinión que un hijo sano no debería generar tanto drama para criarlo, pero ¿qué puedo saber yo al respecto?

Por otro lado, tal vez enorgullecerse de estar exhausto es una manera de auto convencerse que criar es lo suficientemente bueno como para sacrificar gran parte de tu vida. Esto no es cierto para muchos que, como tú, hemos tomado la decisión de dejarle la procreación a otras personas.

No.3 ¿Tienes problemas de fertilidad?

Esta es una de esas joyas que lanzan cuando aún no se han convencido de que no quieres tener hijos porque es una maravillosa alternativa de vida y no porque físicamente no puedes. Aunque tengo que confesar que también te pueden bombardear con algunos comentarios adicionales a esta pregunta un poco menos "políticamente correctos" cuando hay más confianza entre los interlocutores. Ya sabes a qué me refiero.

Los médicos nunca hacen este tipo de preguntas en público debido a su ética profesional, de manera que se vuelve muy entretenido escuchar a "no−médicos" lanzar la pregunta y, acto seguido, repetir como loros lo que muy probablemente leyeron en internet o escucharon de alguien que lo leyó en internet. A veces recibes consejos, que no has pedido, sobre fertilidad, los cuales fueron probablemente extraídos de artículos de revistas de chismes y que alguien les envió por Facebook. ¡Imagínate en manos de quien has terminado!

La fertilidad es un tema muy recurrente cuando estás con familiares o con personas de mucha confianza, pero no es muy probable que abiertamente lo cuestione alguien que no te conoce, o que no pertenece a tu círculo cercano de amigos. Eso sí, siempre hay algún borracho que no te conoce bien pero que decide hacer la pregunta en público.

Pude notar que, entre algunos hombres, con no muy alto grado de educación, la fertilidad es considerada como una señal clara de "hombría". Quiero decir, se perciben como más "hombres" aquellos capaces de tener más hijos. Inclusive, algunos me comentaron que eres mucho más hombre si eres capaz de tener hijos con varias mujeres. Esta es realmente una de las afirmaciones más descabelladas que he escuchado en toda mi vida. Insisto en que esto no es una anécdota que me contaron, lo escuché en varias oportunidades, directamente de algunos de mis entrevistados.

Por otro lado, mientras más educado es un hombre, es mucho menos probable que llegue a este tipo de conclusiones absurdas. Como mencioné anteriormente, la relación entre muchos hijos y "hombría" lo pude notar entre hombres de bajo nivel educativo y también entre hombres con religiones de pensamiento extremo. Algo así como creer en Blanca Nieves y los siete enanitos y dar la vida porque crees que el cuento es cierto. A ese tipo de personas me refiero.

Esteban, un empresario que logró progresar a través de la venta de productos importados de USA me decía, —

no tienes que invertir tanto en la educación de los hijos, eso no te garantiza nada—. Tienes que ponerlos a vender algo desde pequeños para que se acostumbren a ganar dinero, así sea poco o mucho, ganar dinero es más importante que educarse—. Bueno, no es sorpresa que es precisamente Esteban quien me decía que el hombre que no tiene hijos es homosexual.

En el caso de las mujeres, no pude hablar con ninguna de ellas que fuera tan extremista como Esteban y, en la mayoría de los casos, la falta de capacidad biológica para engendrar hijos no es considerada por la gran mayoría de mujeres como falta de "feminidad", sino como una condición física per se.

Aun así, sí pude conocer dos mujeres que consideraban como muy probable que una mujer sin deseos de tener hijos era probablemente "lesbiana". Cecile, una madre de tres hijos de un matrimonio muy sólido de 20 años me decía, —mi prima Eloise se ha pasado la vida de novio en novio y de evento social en evento social—. Cabe anotar que Eloise es una empresaria dedicada a la venta de cosméticos y su trabajo la ha llevado a viajar por el mundo. —Creo que todos esos viajes y todos esos novios son para esconder su atracción por las mujeres, — añadió Cecile.

Tanto Esteban como Cecile tienen una idea muy clara de la relación entre los hijos y la sexualidad, algo así como decir "si no te reproduces, eres gay". Este tipo de personas tienen la tendencia a ser muy agresivas en sus opiniones, de manera que, cuando te topes con una de ellas, no trates de argumentar tu posición, no lo van a entender y vas a perder tiempo de tu vida que nunca más podrás recuperar. Creo que lo mejor es hablar con otra persona o cambiar el tema porque nada bueno resulta de una conversación con un homofóbico con ímpetus reproductivos como los de un cavernícola.

No.4 ¿Tienes problemas con tu pareja?

Esta pregunta evidencia que el subconsciente de muchas personas relaciona sexo con procreación. ¿En qué momento se nos olvidó a los seres humanos que el sexo es absolutamente fantástico? ¿A quién no le gusta una buena revolcada y quemar algunas calorías de paso sin que tenga que terminar con una barriga de 9 meses y muchos años de crianza?

Los problemas entre parejas siempre van a existir, pero asumir que no tener hijos es un síntoma de problemas es absurdo. Lo que si puede convertirse en un gran problema es que no seas claro con tu pareja y no le cuentes sobre tus intenciones de no considerar la procreación como parte de tu plan de vida antes de comprometerse a una vida juntos.

En varias oportunidades me han sugerido, insistentemente, que tener hijos le da un respiro necesario a la relación, un nuevo comienzo para la pareja. De todas las historias que escuché, ninguna me llamó tanto la atención como la de uno de mis mejores amigos desde la infancia. En uno de mis viajes a NY me tropecé con Mauricio mientras hacía escala en Miami. Mauricio es una de las personas que yo más admiraba en la escuela, y aún admiro. Siempre organizado, siempre obteniendo buenas calificaciones, siembre pensando en el futuro, inclusive desde muy temprana edad, lo cual no es común para un chico en la escuela primaria. Para que te hagas una mejor idea de la personalidad de Mauricio, te confieso que es la única persona que he escuchado hablar de un plan de retiro para la vejez cuando tenía 15 años.

Después de unos minutos llegamos al inevitable tema de los hijos. Me mostró las fotos de sus tres maravillosos hijos y me comentó de lo orgulloso que se sentía de todos ellos. El rostro de mi amigo Mauricio "realmente" se iluminaba cuando hablaba de sus hijos. Digo esto porque no todos los padres están "realmente" felices con sus hijos.

Me explicó en detalle las personalidades de cada uno de ellos, incluyendo particularidades sobre sus cualidades artísticas, deportivas, intelectuales, etc., hasta me pudo describir a lo que se dedicarían en su vida adulta ya que había identificado el potencial individual de sus hijos con la ayuda de psicólogos expertos. Me quedo corto al tratar de transmitirles la pasión y dedicación de Mauricio para con sus hijos.

Después de aproximadamente 45 minutos, Mauricio se dio cuenta que nuestro encuentro se había convertido en un monólogo y me invitó cortésmente a la conversación con la pregunta inevitable... —¿qué hay de ustedes? ¿cuántos hijos tienen? —.

—No tenemos ninguno, —repliqué.

—¿Te divorciaste? —¿cuántos años duraste casado?

—Sigo casado, —ya hemos pasado la primera década juntos.

—¿Cómo es posible? —¿entonces?

Me mantuve en silencio a propósito, invitándolo a ser un poco más osado con sus preguntas.

—Conozco un médico que es una eminencia en los tratamientos para tener hijos, —replicó Mauricio.

—Los dos podemos tener hijos, —respondí luego de hacer un par de segundos de pausa, para estudiar la reacción de Mauricio.

Se hizo otro interminable minuto de silencio. La cara de Mauricio claramente me indicaba que estaba repasando todas las posibles opciones que me impedían tener hijos antes de lanzarse con el siguiente grupo de preguntas.

—No te preocupes, la pasión se acaba, a todos nos pasa.

—Seguimos teniendo relaciones, la pasión sigue intacta, como cuando éramos novios, tal vez con más intensidad que antes, —respondí con una gran sonrisa.

—¡Ahora sí que estoy confundido! Están bien como pareja, pero ¿no han tenido hijos?, imposible. Hay algo que no me estás contando. ¿Tienes otra mujer?

Me tomó más de treinta minutos convencerlo de que no queremos tener hijos. Fueron necesarias muchas explicaciones de mi parte para que Mauricio pudiera entender que una pareja puede mantenerse sólida sin los hijos. No tiene absolutamente nada que ver la carencia de hijos con la carencia de pasión o de estabilidad en una pareja.

La mejor parte de todo es que al momento de despedirnos me dijo algo que no olvidaré. —Si volviera a vivir, tal vez me gustaría tener una experiencia como la tuya—.

Confieso que, si yo tuviera la oportunidad de vivir nuevamente, sin duda alguna me gustaría repetir otra maravillosa vida sin hijos.

No.5 ¿Si no tienes problemas de fertilidad ni tienes problemas con tu pareja, entonces te sucede algo malo?

Una vez descartados los problemas de la fertilidad y de pareja, queda la puerta abierta de par en par para asumir que algo anda mal con tu cabeza. ¡Claro que algo debe andar mal con tu cabeza! ¿Cómo es posible que no te quieras reproducir?

Irónicamente, si miramos el tema de la población mundial desde la perspectiva del daño que le estamos haciendo a nuestro medio ambiente, estimo que la pregunta es más relevante para las personas que traen muchos hijos al mundo y no tienen la más remota idea del problema ambiental que estamos ocasionando los seres humanos porque todavía pensamos que dejando de usar bolsas de plástico o manejando vehículos eléctricos vamos a resolver el problema. ¿Habrá algo malo en la psiquis humana que seguimos ignorando nuestro crecimiento sin control? ¿Será que somos capaces de crear bolsas plásticas reciclables y vehículos que no contaminan, pero no podemos crear un sistema económico sólido que no dependa del incesante incremento de consumidores?

El tema de la economía no lo vamos a tratar en este libro debido a su extensión y complejidad, sin embargo, invito a todos los lectores a que pensemos juntos y tomemos acción inmediata si encontramos la respuesta sobre: ¿cómo podremos generar un flujo de riqueza estable si sacamos de la ecuación el constante crecimiento de la población como pilar fundamental del crecimiento económico?

Sea cual sea la razón por la cual has decidido no tener hijos, no te mantengas muy cerca de las personas que piensan que algo malo te sucede. Mantener la distancia te va a evitar continuar perdiendo mucho tiempo, que jamás podrás recuperar, respondiendo una y otra vez las inquisidoras preguntas sobre los problemas imaginarios que no te permiten decidirte por tener hijos. No ceder a la presión social por tener hijos no es una prueba de problemas mentales, el caso contrario creo que si lo es.

La madre de Miguel Ángel, uno de mis mejores amigos durante la escuela primaria en Colombia, solía decir cuando lo regañaba: —te dediqué los mejores años de mi vida y ¿es así como me pagas? —

¿Recuerdan haber escuchado esa frase de algún padre o madre? Yo me pregunto, ¿sucede algo malo en la cabeza de quien se reproduce aun sabiendo que va a invertir los mejores años de su vida en la crianza de sus hijos o sucede algo malo en la cabeza de quien decide invertir los mejores años de su vida en sí mismo?

Al final de cuentas cada uno decide cómo quiere invertir el poco tiempo que tenemos en este mundo. Lo realmente importante es ser absoluta y brutalmente honestos con uno mismo para no llegar al final del camino diciendo… ¡Caramba! ¡Me equivoqué!

No.6 ¿Odias a la gente?

Creo que una persona debe estar realmente frustrada intentando entender tu estilo de vida al hacer este cuestionamiento. ¿Es posible que alguien sinceramente piense que se necesita odiar a la gente para no tener hijos? Esta es la pregunta que más me desconcertó entre todas las que escuché en toda mi vida.

Asumir que una persona odia a la humanidad entera por el simple hecho de no querer tener hijos es un absurdo, no tiene sentido alguno. Tal vez haya personas que odien a la humanidad y hayan decidido no tener hijos, pero también existe el caso contrario. Existen toda clase de asesinos, violadores, pedófilos, etc. que son padres y/o madres de familia. El hecho de que una persona tenga hijos, no la convierte automáticamente en un remanso de amor y un ejemplo digno de seguir para la humanidad.

Mi opinión es que no tener hijos, además de ser un gran alivio para el planeta, es al final de cuentas un acto de amor con la humanidad porque estás actuando en favor del balance entre nosotros y el planeta. Pensemos por un momento en todos esos animales que se han quedado sin territorio y ahora les toca aventurarse hacia las aldeas, pueblos, ciudades, etc., para comer basura o para comerse a un eventual desprevenido. Es cierto, hay muchas historias de osos, pumas, dragones de Comodo, cocodrilos, etc., que han llegado hasta las mismas puertas de una casa para llevarse a un desprevenido tomando la siesta. La naturaleza no los programó para merodear en las aldeas, fueron las aldeas de humanos las que abusaron del territorio de los animales y ahora están en la lista de supermercado de algunos depredadores. Insisto, todo ser vivo afecta su medio ambiente, pero solamente una población fuera de control de dicho ser vivo, podrá afectar su medio ambiente de manera irreversible. En eso estamos en este momento.

Los seres humanos hemos intentado sentir lástima de nosotros mismos cuando anunciamos en las noticias "leopardo asesino se lleva otra víctima en la India". ¿En serio? ¿leopardo asesino? Qué tal si escribimos la noticia de la siguiente manera para que nuestros descendientes entiendan la raíz del problema y actúen en pro de resolver el problema: "Leopardo que se quedó sin territorio y sin presas para cazar por causa de la superpoblación, se está aventurando en las ciudades y aldeas para devorar la única presa disponible, los seres humanos". Seguramente los niños no van a preguntar, —¿qué es un leopardo asesino?, —¿por qué no lo matan?, sino que van a preguntar, —¿qué es superpoblación?, —¿por qué no la matan?

Un amigo soltero, Giuseppe, con muy poco interés por la diplomacia, una vez dio una respuesta muy agresiva a una pareja después de haber sido sometido a un incesante bombardeo de preguntas sobre no tener hijos. La conversación se había mantenido en los límites de la diplomacia hasta que le preguntaron con actitud retadora: —¿por qué odias a la gente? —¿te trataron mal en tu infancia? El color rojo intenso en la cara de Giuseppe me preparó para lo que se venía.

—Mis esfuerzos por no incrementar la población mundial no son una prueba clara de que odio el mundo o de maltrato infantil de parte de mis padres, —comenzó Giuseppe todavía en tono calmo. —Caso contrario es el de las parejas que tienen más de dos hijos, quienes si son una prueba clara de la despreocupación por la humanidad. —¿Quién más irresponsable con la humanidad que ustedes que tienen cinco hijos?

Es obvio que después de esta respuesta, los presentes en la reunión hicimos todo lo posible para mantener, tanto a Giuseppe como a la pareja, lo más alejados posible por el resto de la velada. Fue lo único malo, porque la respuesta, desde el punto de vista matemático, realmente tiene sentido.

Yo viví en carne propia el odio que genera en muchas personas el hecho de que no quieras tener hijos, mientras tuve una discusión muy interesante con un amigo durante una excursión de buceo en los cayos de la Florida. Recuerdo que estábamos muy cerca a Isla Morada cuando comenzamos a hablar de la diferencia en la calidad de los arrecifes de coral y la escasez de peces con respecto a diez años atrás. Mi amigo fue quien propuso el tema de la superpoblación humana y según la información que estaba compartiendo conmigo, era evidente que conocía profundamente acerca del impacto humano sobre los recursos del océano. Mientras compartía conmigo algunos datos estadísticos, su novia, quien supuestamente sería su esposa en solamente un par de meses, dijo a viva voz, — ¿por qué no te suicidas y así reduces la cantidad de gente en el planeta? —. Es aquí cuando escuché una de las respuestas más inteligentes de todas aquellas relacionadas con la población humana: —porque al suicidarme estaría reduciendo la población en un solo individuo, pero si permanezco vivo el tiempo suficiente, podré convencer a miles de personas de no reproducirse y de usar más el cerebro y usar menos el ego y las hormonas—.

Tal como era de esperarse, tristemente no hubo matrimonio entre estas dos personas. Yo sigo siendo amigo de los dos y, afortunadamente, les ha ido mucho mejor desde que decidieron tomar caminos opuestos.

Decidirse por una vida sin hijos no significa odiar la humanidad. Reproducirse sin conciencia planetaria es, por el contrario, una clara falta de interés por el futuro de la raza humana. El desinterés no implica odio, pero si implica falta de amor.

No.7 ¡Eres una persona egoísta!

Al momento de escribir este libro, las estadísticas indicaban que hay más de 200,000 personas nuevas en el planeta diariamente, lo cual equivalente a cerca de 1.5 millones de personas nuevas por semana. Estos números son el resultado neto, es decir que representan la resta entre los nacimientos menos las muertes. Estas cifras van incrementando a medida que pasa el tiempo, de manera que cuando estés leyendo este párrafo, la resta entre nacimientos y muertes estará dejando un número neto de nuevos seres humanos tal vez mayor a 1.5 millones por semana. Eso sí, a menos que haya ocurrido algún evento de extinción masiva, tal como un meteorito, un mega volcán, invasión de extraterrestres come—humanos, super virus o cualquier otra eventualidad de grandes magnitudes que reduzca nuestro número en un par de miles de millones.

Llamar egoísta a quien no quiere tener hijos, ignorando que tenemos comportamiento viral es una de las mayores contradicciones de nuestro tiempo. Poner nuestro propio ego de procreación por delante de la necesidad de la raza humana me hace preguntarme, —¿quién es realmente el egoísta, quien tiene hijos o quien se abstiene de tenerlos?

El hecho de tener órganos reproductores no quiere decir que debemos usarlos indiscriminadamente para reproducirnos. Si los quieres usar indiscriminadamente para fines recreativos, creo que entonces debes mantenerte como persona soltera y cuidarte bastante para que no te enfermes y tampoco vayas a enfermar a otras personas.

Las personas y las parejas que han decidido una maravillosa vida sin hijos son de gran ayuda para la supervivencia de la humanidad en el largo plazo, además de disfrutar de todos los beneficios que les trae no tener que criar. No son egoístas, son realistas con conciencia planetaria.

Estimo que es mucho más egoísta e irresponsable con todos los demás seres humanos traer hijos al mundo por el simple hecho de querer ver una versión más pequeña de uno mismo y continuar destruyéndonos rumbo hacia el hacinamiento global. El mundo realmente no necesita más copias de los más de 7 billones que somos en el planeta (2015). Estamos aquí de paso y por muy poco tiempo, de manera que debemos ser más razonables con aquellos que heredan el planeta una vez nos convertimos en alimento para gusanos o en cenizas para las plantas. Es más, los seres humanos somos tan egoístas con el planeta que después de reproducirnos indiscriminadamente y de usar todos sus recursos, cuando nos morimos pedimos que nos embalsamen para lucir bien en el ataúd o que nos quemen para esparcir las cenizas. ¿No sería menos egoísta donar los cuerpos a la ciencia o a la industria?

Creo que tomar el control de lo que realmente deseas en la vida no es ser egoísta, es simplemente ser honesto contigo mismo. El egoísmo real sería traer un hijo al mundo para cumplir con la presión social o, como mencioné antes, para alimentar el ego propio de querer una versión más pequeña de uno mismo, sin tener el más mínimo interés en las reales necesidades de nuestro mundo.

Samir es un hombre de solamente unos 45 años y tiene un hijo con cada una de sus cuatro esposas. Es decir, un hijo para cada una, —para que no se peleen entre mis hijos, les he dejado una mamá a cada uno, —como dice Samir con una sonrisa de oreja a oreja.

Tengo que aceptar que me causó gracia la primera vez que lo escuché decir eso. Samir da esa respuesta cada vez que le dicen que es un irresponsable al someter a sus hijos a semejantes presiones sociales. No tengo una educación en psicología, psiquiatría ni sociología que me permita opinar profesionalmente al respecto, sin embargo, soy testigo de lo buen padre que es Samir. A todos les dedica tiempo de calidad. Aun no entiendo como hace para que le rinda el tiempo para el trabajo y las cuatro familias y, además, ha asegurado ahorros para la educación de todos hasta grados universitarios.

Tuve la oportunidad de estar con Samir en una cena con varias parejas. Después de unas copas, Samir fue el centro de la conversación ya que causa mucha curiosidad su caso, la tranquilidad con la cual afronta sus responsabilidades y la capacidad que tiene de convencer a todos que ha hecho lo correcto para sus hijos, tanto psicológicamente como socialmente. Cuando le dicen que es un irresponsable por tener tantos hijos, él ha tomado la costumbre de responder: —para eso existen personas responsables como Omar, para balancear todos los locos que tenemos hijos de más—. Lamentablemente no es cierto, el crecimiento de la población no da las más mínimas señales de que se va a detener, excepto, según tengo entendido, por la clase media y clase alta en países avanzados como Japón, Inglaterra, Alemania, etc. Las poblaciones que más crecen dentro de estos países avanzados son las de los inmigrantes más pobres.

Lo único que Samir me ha pedido es que no hable nunca delante de sus hijos de lo maravilloso que es no tenerlos, porque quiere tener al menos dos nietos por cada hijo. Yo respeto su petición sin ninguna duda. Es una gran persona con un gran amor por sus hijos, pero con un serio problema de entendimiento con respecto al impacto de la población en el planeta.

No.8 ¡Te estás perdiendo la mejor parte de la vida!

Mi opinión es que esta aseveración es un absoluto disparate por decir lo menos. Es imposible juzgar la felicidad de una persona basándose en lo que hace feliz a otra persona. Pensar que una manera particular de vivir la vida es correcta, es muy diferente a pensar que es la única manera de vivir la vida correctamente, ¿no te parece?

¿Según quién te estás perdiendo la mejor parte de tu propia vida? Este es un simple punto de vista que comparten muchas personas que son muy felices con sus hijos o es el punto de vista de aquellas que no tienen el valor de aceptar que no son felices con sus hijos y quieren más personas que compartan las mismas penas. Como dice el dicho, "mal de muchos, consuelo de tontos".

La idea generalizada, de que tener hijos es la mejor experiencia de vida, no la hace automáticamente verdadera para ti y cada vez pierde más peso, ya que en las sociedades avanzadas las personas han perdido el temor a expresarse honesta y abiertamente. Claro está, esto no sucede en sociedades menos avanzadas donde el principal papel de la mujer continúa siendo el de darle descendencia a su súper esposo con derechos heredados directamente de los dioses, además de alimentarlo y aguantárselo cuando está de mal genio.

Hago énfasis en lo siguiente: "el hecho que una gran mayoría piense que algo es verdad, no lo hace verdadero automáticamente". Lo mismo sucede con el caso contrario: "no es automáticamente falso todo aquello que la gran mayoría piense que así lo es".

Aquí les dejo una serie de ideas aceptadas, en algún momento de nuestra historia, por la gran mayoría de seres humanos, pero que con el tiempo nos dimos cuenta que estaban erradas:

—La tierra es el centro del universo.

—El sistema solar es el centro del universo.

—La vía láctea es el centro del universo. ¿Puedes notar el patrón de estos tres errores? Todos son producto del ego de considerar que el ser humano es el centro y la máxima criatura en la infinidad del universo, que, a propósito, apenas estamos comenzando a conocer.

—La tierra es plana.

—Los fenómenos naturales son ocasionados por los dioses. Poseidón, el tipo barbudo que anda con un tridente, es quien causa los maremotos. Zeus, por el contrario, es quien se pone a lanzar rayos a la tierra cuando está enojado... ¿o tal vez cuando está aburrido?

—La "tabla rasa", que argumentaba que las personas nacen sin ningún tipo de personalidad preconcebida y que todo el contenido mental es adquirido por experiencia y educación. Nuestros avances en genética han demostrado el impacto de los genes en la personalidad y el comportamiento.

—Las enfermedades son producto de maldiciones o brujería. Nadie sabía de la existencia de las bacterias, virus, males congénitos, etc.

—El universo está hecho en su totalidad por átomos y espacio vacío. Esta teoría existía antes del descubrimiento de la materia oscura y de la energía oscura. Quién sabe qué otras cosas habremos encontrado en el universo mientras estaba escribiendo este libro.

—Hay personas poseídas por demonios. Esto ahora lo conocemos como trastorno de personalidades múltiples.

—Hay enviados especiales que pueden hablar con dios. Hoy en día sabemos que quienes escuchan voces en su cabeza padecen de esquizofrenia. Hay muchos casos de criminales que aseguran haber cometido sus actos vandálicos por instrucciones del más allá.

—La mejor experiencia de la vida son los hijos.

La lista puede continuar por miles de páginas con respecto a todas las cosas que por mucho tiempo los seres humanos pensábamos que eran ciertas, pero que luego, nos dimos cuenta de que no eran así.

Por otro lado, todos nosotros somos testigos de parejas que se derrumbaron luego de tener hijos. Hay muchos estudios al respecto, pero no quiero entrar en detalle en este libro ya que no soy psicólogo, ni experto en parejas.

También existe un número importante de padres que son honestos al aceptar que fue un error haber engendrado, pero que no lo comunican abiertamente porque es socialmente incorrecto y evidentemente, tendría un impacto negativo en sus hijos.

Muchos amigos intentarán convencerte, al mostrarte sus interminables álbumes de fotos. De esta tortura es muy difícil escapar, simplemente relájate y pretende que estás disfrutando el momento. Es mucho mejor si tienes a la mano un whiskey, vodka, tequila, o cualquier licor fuerte que te anestesie mientras pretendes disfrutar de las fotos de los hijos ajenos. Una bebida con bajo contenido de alcohol no ayuda mucho en esta situación.

No.9 ¿No te da miedo arrepentirte cuando sea demasiado tarde?

Tal vez en algún momento de la vida te arrepientas, claro que sí, igual como te puedes arrepentir de haber estudiado ingeniería en vez de medicina, de haberte casado en vez de permanecer soltero, de no haber tomado clases de piano cuando eras más joven, de haber saltado en *bongee-jumping* (una vez vas en el aire ya es demasiado tarde), de muchas, muchísimas cosas te puedes arrepentir a lo largo de tu vida.

¡De eso se trata la vida misma! De tomar las decisiones que estimes apropiadas para tu vida y luego lidiar con sus consecuencias, buenas o malas. La peor decisión es la que no se toma, porque entonces será alguien más quien decidirá por ti.

Si te arrepientes de no haber tenido hijos y se ha hecho biológicamente tarde para ti o para tu pareja, queda la hermosa opción de adoptar. En este caso, estarías proporcionando un doble beneficio a la humanidad. Te haces cargo de un ser humano que habría tenido muy pocas opciones sin tu ayuda, además del beneficio adicional de no haber incrementado el número de seres humanos.

Pero como en este libro trato de hablar de todo lo bueno de una vida sin hijos, mi sugerencia es que disfrutes también de esa melancolía que trae consigo el arrepentimiento por no haber tenido hijos y pienses en el trasfondo de esta maravillosa frase, que creo es creación de Marilyn Monroe: "Tal vez soñar con ser una actriz es más excitante que convertirse en una". Desear algo es muchas veces más emocionante que el logro de lo que se deseaba.

Cuando despiertes a la mañana siguiente, la melancolía se transformará nuevamente en felicidad y sensación de libertad, porque te habrás dado cuenta que tu vida sigue siendo toda tuya.

Bernardo es un empresario exitoso y excelente amigo, de esos que siempre te preguntan si hay algo en lo que él pueda ayudar. Tiene el instinto natural de ofrecerse para aportar algo hacia la solución de cualquier tipo de problemas, desde completar un equipo de fútbol, pasar por ti al aeropuerto, llevar hijos ajenos a la escuela, hasta inclusive ofrecerse para prestarle dinero a quien lo necesite. Parece de ciencia ficción, pero es real.

Cuando hay reuniones en la casa de Bernardo, es muy común que rápidamente la conversación se dirija a sus hijos. Son excepcionalmente bien educados y cualquier padre o madre en el planeta se sentiría orgulloso de tener hijos como los de Bernardo. Tiene la tendencia de decir que los hijos son el trabajo más pesado que ha tenido en toda su vida, pero que cada segundo de esfuerzo ha valido la pena para él.

Bernardo insiste que no es un trabajo apropiado para todas las personas, dado el nivel de compromiso que se tiene con los hijos. La inversión emocional y económica no tiene precedentes, de manera que las personas deberían pensarlo muy cuidadosamente antes de embarcarse en la "inversión sin retorno", como él la llama. Obviamente refiriéndose al tema económico, no al tema emocional.

La esposa de Bernardo, por el contrario, es muy agresiva con respecto a la idea de no tener hijos. Para ella, todas las personas que no han tenido hijos están cometiendo el peor error de sus vidas porque en algún momento, tarde o temprano, se van a arrepentir y probablemente en ese momento, ya será tarde para tenerlos.

Bernardo se ubica siempre detrás de su esposa cuando está hablando de lo maravilloso que es tener hijos y hace señas a todos los presentes para que ignoren sus comentarios. Es una manera muy jocosa de reducir la tensión que ocasiona su esposa con la agresividad hacia las personas sin hijos. ¿Será que las personas que se arrepienten de haber tenido hijos son las que socialmente presionan más a los demás para que los tengan? Ese comentario lo he escuchado un par de veces de Bernardo y es muy efectivo, ya que logra que su esposa detenga las críticas y cambie el tema de conversación.

En una de esas noches de esparcimiento en la casa de Bernardo, nos quedamos al lado de la piscina conversando sobre nuestras vidas. Una de las cosas que nunca olvidaré es cuando Bernardo me confesó: —creo que has tomado una decisión acertada. Yo no concibo la vida sin mis hijos, sin embargo, no te niego que me hubiera gustado experimentar una vida dedicada por completo a mí mismo. ¡No se te ocurra decir esto nunca delante de mi esposa! —.

No.10 ¡Mi vida ahora si tiene sentido!

Me asombra sobremanera escuchar a cualquier persona en sus cinco sentidos decir que su vida no tiene sentido. Pienso que el simple hecho de estar vivo es un privilegio, si analizamos lo poco probable que es estar vivo. En el libro "Una Breve Historia de Casi Todo" escrito por Bill Bryson, hay un párrafo que menciona todas las peripecias que tuvieron que experimentar tus ascendientes para que estuvieras vivo:

"Ninguno de tus antepasados fue aplastado, devorado, ahogado, pereció por hambruna, se quedó varado, atascado, herido prematuramente, o desviado de la búsqueda de la vida de entregar una pequeña carga de material genético al compañero correcto en el momento correcto para poder perpetuar la única secuencia posible de combinaciones hereditarias que podría resultar, eventualmente, asombrosamente, y en pocas palabras, en ti ".

Sin embargo, aún si existiera alguna persona con la cual te vayas a tropezar en el transcurso de tu vida, que no le dé importancia a todo lo que tuvieron que hacer todos los seres vivos que existieron antes de él o ella y que no le encuentre ningún sentido a su vida, más allá de criar otro ser humano, eso definitivamente no creo que sea culpa tuya, ni mía. Es más, el hecho de que esa persona haya encontrado el sentido de su vida a través de la procreación no garantiza que te suceda lo mismo. Tal vez encuentres el sentido de tu vida con el trabajo, con los hobbies, con la pareja, con los amigos, o haciendo nada en lo absoluto. Solamente tú sabes que puede traer sentido a tu vida. Como dije anteriormente, la vida debería tener sentido por sí misma, ya que es efímera y es una experiencia única que enriquecemos con las experiencias que vivimos y también con las personas de quienes nos rodeamos para vivir dichas experiencias.

Tengo un amigo psiquiatra quien me ha explicado que existen muchas anomalías cerebrales que te pueden llevar a pensar que la vida no tiene sentido y las personas que las padecen no podrán encontrarle el sentido a menos que reciban ayuda profesional. La depresión es una enfermedad muy seria y no se cura con paseos a la playa, fiestas con amigos o invocando amigos imaginarios. Necesita intervención profesional y medicina real. Nada de sahumerios, ni baños con hierbas ni velas milagrosas; la depresión es un trastorno fisicoquímico, no es una posesión de un ser imaginario con una agenda maligna para tu vida.

Además de la depresión, existen varias enfermedades graves que te pueden llevar a pensar que la vida no tiene sentido y una lista interminable de tragedias propias de la vida misma, las cuales te pueden dejar sin ánimos para vivir. Ni modo, esa es la realidad de la vida. La gran mayoría de seres humanos estamos propensos a llegar a nuestro límite con alguna situación lo suficientemente mala como para que nos quite el ánimo de vivir.

No voy a tomarme el atrevimiento de profundizar en ninguno de esos casos porque, tal como he mencionado anteriormente, no soy psicólogo ni psiquiatra. Simplemente voy a hablar de no encontrarle ningún sentido a la vida cuando todo lo demás está bien.

¿Las personas que le encontraron sentido a la vida una vez se reprodujeron, están dejando por implícito que antes de los hijos no tenía sentido la vida? o ¿lo dicen simplemente por decirlo en un esfuerzo de auto convencimiento? Es realmente deprimente y desde mi punto de vida una absoluta falta de creatividad el simple hecho de asignarle a otro ser humano el sentido de nuestra propia vida. ¿Es eso siquiera posible? ¿Entonces se pierde el sentido de la vida cuando se van los hijos o el sentido de la vida se convierte en la esperanza de volverlos a ver cuando les dé tiempo de visitarte? o ¿el sentido de la vida descansa en los recuerdos de tus hijos cuando no te visitan?

Asumamos que sea cierto para algunas personas con muy poca creatividad que se necesite de una réplica de sí mismo para ser feliz. Aun así, como lo mencioné anteriormente, eso no lo convierte automáticamente en verdad para ti, ni para la vida de ninguna otra persona. La vida de todas y cada una de las personas en este planeta es absolutamente diferente y no hay garantías que tener hijos le dé más sentido a tu vida de lo que tiene en este momento en el cual no tienes ninguno (estoy asumiendo que no tienes hijos porque en caso contrario no deberías estar leyendo este libro). Creo sinceramente que el sentido de la vida consiste en la búsqueda individual de aquello que nos hace sentir enamorados de la vida. No es una meta, es un camino, un simple camino del cual no tenemos la más remota idea de cuán largo es y que inevitablemente termina en la muerte, como todos los demás caminos de la vida.

Por mi parte me aseguro de tener mucho cuidado con las personas que me dicen que su vida no tenía sentido antes de la llegada de un hijo. ¿Qué pueden aportar a mi vida si ni siquiera tuvieron la creatividad de aportar nada a la de ellos mismos sin antes haberse puesto en la tarea de reproducirse? Lo único que pueden aportar son largas horas en las que cuentan aburridas historias de sus hijos. Tal vez cuando los hijos se vayan y los padres finalmente se den cuenta que no es muy interesante vivir de los recuerdos, le vuelvan a dar importancia a sus propios hobbies y probablemente, tanto las caminatas en la playa como departir con amigos, les devuelvan el sentido a sus vidas. Tal vez en ese momento sea interesante departir una tarde con ellos.

¿Qué pasaría si hago que mi vida tenga valor y tenga sentido por mí mismo? ¿Qué pasaría si me convierto realmente en la persona que quiero ser y desarrollo todo mi potencial siendo sincero conmigo mismo? ¿Estoy auto engañándome? Sinceramente creo que no. El auto engaño consiste en auto convencerse que la felicidad está en otro ser humano o en seguir lineamientos sociales en los cuales no crees.

¿Sabes qué? Simplemente tu vida "SI" tiene sentido, mi vida "SI" tiene sentido, la vida de todas las personas que ves a tu alrededor "SI" tiene sentido. Es muy fácil llegar a esa respuesta simplemente al ser sincero con uno mismo. Pero ¿cómo se logra eso? Al parecer hay muchas más maneras de las que tú y yo podemos imaginarnos. Sean 10, 20 o 100 millones de maneras, lo único que te puedo garantizar, por experiencia propia, es que, si no quieres tener hijos, entonces tendrás más opciones y tiempo para encontrarte a ti mismo. Muchísimos otros ya se están encargando de reproducirse y de llevarnos a la ruina ambiental y social. Deja que los demás hagan su parte, haz tú la tuya y dedícate a ti mismo todo el tiempo que tengas el privilegio de permanecer en este mundo.

Durante una visita a mi madre a finales de año, me encontré en el aeropuerto con una amiga de la época de la universidad. Luego que nos saludamos, hablamos por un par de minutos sobre nuestros trabajos. Ella luego me preguntó sobre mi vida privada. Se mostró muy sorprendida cuando le dije que no tenía hijos, pero pude notar una expresión de alivio en su cara. Laura me contó que no tenía hijos y que había sido un camino, social y psicológicamente muy duro para ella. Me comentó que, siendo una mujer sin hijos, se empeñó en encontrar un sentido para su vida, ya que venía de una familia muy tradicional con ideas muy rigurosas sobre la formación de familia con los hijos como base.

Laura me dijo muchas cosas aquella tarde. A medida que hablaba, parecía sentirse más cómoda compartiendo detalles sobre su vida privada. Dijo un par de frases que me llamaron mucho la atención:

—De repente me encontré sin hijos a mis 40 años y cambié la expresión "sin hijos" por "sin excusas". Fue un momento liberador, —exclamó sonriente, —ya no tenía más excusas en mi mente por haber tomado un camino diferente al que mi familia esperaba y de repente tenía un mundo de posibilidades frente a mí, a mis 40 años, un mundo que no había percibido ni siquiera cuando tenía 15 años.

Laura pareció desconcentrarse por un instante, pero no hice ningún gesto que le pudiera interrumpir su momento de pausa. Luego añadió:

—¿Sabes qué me causa tristeza? A menudo deseo haber invertido más tiempo de mi infancia y adolescencia practicando deportes que jugando con muñecas. Me encantan todos los deportes, especialmente esquiar. Recuerdo todo el tiempo que jugaba con muñecas pretendiendo que eran ellas las que esquiaban.

Nunca es tarde para llevar a cabo tus pasiones, de manera que 40 años, 50, 60, 70, o 100, dependiendo de la salud del individuo, no son impedimento para retomar los esquís, u otra actividad que te guste. Las culturas imponen acciones que van muchas veces en contra de los instintos de la biología y creo sinceramente que es mucho más importante escuchar a tu propia biología, que escuchar aquello que dicta la cultura donde naciste. Para citar un ejemplo, aún hay culturas donde las mujeres no tienen derechos a la par que los hombres. ¿Suena arcaico, cierto?

Otra cosa que le complace mucho a Laura es dar a los demás. El simple hecho de haber liberado su mente de la culpa de no haber tenido hijos le ha permitido dedicar más tiempo a obras de caridad.

Como dice Laura y como seguramente has escuchado decir a muchas personas, —¿qué puede ser mejor que dejar el mundo mejor de lo que lo encontraste? —

Entonces... —¿qué vas a hacer con tu vida?, —le pregunté de manera retadora... —Muchísimas cosas que me gusten, eso espero, —respondió con una sonrisa de oreja a oreja—.

El embarazo y el parto son experiencias de vida muy fuertes y generalmente traen mucha felicidad. Pero ahí no termina el proceso de tener hijos y muchas parejas no piensan en esto. Hay una diferencia muy grande entre tener hijos y cuidarlos mientras son pequeños que criarlos hasta convertirlos en seres capaces de aportar al mundo.

No tener hijos es una gran opción de vida y te deja más tiempo para encontrarle sentido a la tuya.

No.11 ¿A quién le vas a dejar tus cosas?

Al momento de escribir este libro estábamos llegando a los 7.5 billones de personas en el planeta. Necesitaríamos de casi 500 años si tuviéramos que escuchar a cada uno de los 7.5 billones de seres humanos decir su nombre, teniendo en cuenta que recitar un nombre toma unos 2 segundos. Como lo habrás notado en el transcurso de tu vida, incluso antes de conocer esta abrumadora cifra, es que hay gente de sobra a quien dejar tus bienes materiales. Claro está que esta afirmación es válida a menos que te vayas de este mundo con más pasivos que activos, e inevitablemente tus bienes pasen a posesión del banco para recuperar parte de tus deudas.

He escuchado sobre casos en los cuales los hijos heredan enormes deudas de sus padres cuando éstos fallecen. ¿Nadie quiere una herencia de este tipo, cierto?

Uno de los muchos beneficios para nuestra humanidad de que existan personas como tú, sin hijos, es que también podrías ayudar a hijos de los innumerables padres y madres irresponsables que existen por todo lo largo y ancho del planeta, especialmente en países menos desarrollados y en países con conflictos armados. Hay padres y madres irresponsables por montones, teniendo hijos que no pueden mantener.

Hay millones de niños y niñas sin acceso a alimentos, salud y educación y, peor aún, muchos de ellos son abusados en trabajos forzados o sometidos a pedir limosna en las calles para beneficio de sus captores. Inclusive, hay países tan irresponsables donde le pagan a las madres pobres por cada hijo sin darse cuenta de que esto es como echarle leña al fuego y una manera segura de perpetuar la pobreza, porque el dinero que reciben las madres es solo suficiente para alimentarlos, no para educarlos de manera adecuada. Las adolescentes se dedican a parir para obtener el dinero del gobierno y envían a los niños a la calle a pedir limosna. Adivina, ¿qué van a hacer esos niños cuando entren en edad de ser capaces de reproducirse? Pues a tener más niños esclavos para mantener el círculo vicioso de una sociedad con cada vez más personas que serán alimentadas, pero no educadas.

Marcela, una amiga colombiana que he conservado desde mi adolescencia, vive con su esposo en una casa muy grande y muy hermosa con unos hijos sanos y adorables. Ella es una de las personas que más me pregunta cada vez que nos vemos —¿cuándo vas a tener hijos? —, al mismo tiempo que los niños pasan corriendo y gritando en medio de la sala y ella salta como un felino tras la presa gritando que se callen. El esposo aprovecha cuando ella está persiguiendo a sus pequeñas criaturas y me dice: —¡no es tan bueno como lo pintan! —.

Marcela estaba obsesionada con el hecho de tener una casa muy grande y luego se obsesionó con la idea de tener varios hijos para llenar la casa. Sigo sin entender que me haga una y otra vez la misma pregunta porque una y otra vez le digo lo mismo: —no sabía que los hijos eran para llenar espacios, yo prefiero llenarlos con plantas porque nos estamos quedando sin aire limpio—.

Cuando Marcela regresa a la sala para continuar con la visita, exclama: —¡estoy exhausta! —. Luego cae en cuenta que me puede estar dando la razón para vivir mi vida sin hijos y culmina diciendo: —pero es el sacrificio con más satisfacciones en la vida—. Es como un parlamento muy bien sincronizado, la conversación es prácticamente la misma cada vez que nos encontramos. Lo interesante es que cuando ella está atendiendo a sus hermosos retoños, puedo tener una conversación de otros temas con el esposo.

Rodrigo entiende perfectamente mi decisión de vida y sabe que mi visita no es para hablar de sus hijos (a quienes adora, pero no impone conversaciones al respecto con nadie). Me causa curiosidad que los hombres a quienes entrevisté presentaron una marcada tendencia por ser un poco menos impositivos con respecto a las conversaciones sobre los hijos. Tal vez sea solamente mi percepción, tal vez sea realidad.

Amigo lector, si tienes información estadística veraz con respecto a este tema, por favor no dudes en escribirme. Me interesa mucho saber cuánto dinero que, por falta de testamentos, se queda en bancos alrededor del mundo sin ser heredada a personas que la necesiten.

Mi sugerencia es que sería ideal dejar documentos notarizados y claros que permitan tomar posesión, una vez te vayas de este mundo, de los recursos que has dejado, los cuales podrán ayudar a educar muchos seres humanos. Hago énfasis en heredar para educar, porque heredar para alimentar simplemente vuelve el problema más grande para las futuras generaciones. Más seres humanos con la barriga llena, pero sin opciones de competir y aportar a la sociedad.

Si dejas muchos recursos, entonces fantástico, muchos recibirán educación. De todas maneras, no te olvides de invertir a manos llenas en la persona que te saluda todos los días en el espejo.

Si tienes pocos recursos y sientes que te queda muy difícil ayudar a otros o dejar herencia, pues también es simple, usa todos tus recursos en ti mismo. Al fin y al cabo, tú también eres un ser humano con necesidades específicas que deben ser llenadas de una u otra manera.

No.12 Vas a cambiar de opinión cuando conozcas a la persona correcta.

Si estás convencido que quieres una vida sin hijos y conoces una persona que parece ser la correcta pero que está convencida que sí quiere tener hijos, entonces considero que simplemente no es la persona correcta y es muy probable que los dos estén desperdiciando el tiempo que podrían estar invirtiendo en otras personas o en sí mismos. Uno de los dos tendrá que ceder en caso entren en una relación seria de pareja, lo cual, al final de cuentas, cambiará diametralmente la manera como uno de los dos percibía el futuro.

¿Cuál es realmente el significado de la persona correcta? ¿Es aquella persona con quien definitivamente puedes estar el resto de tu vida? ¿Es la persona que te inspira a ser mejor cada día? ¿O es acaso aquella persona por la cual estás decidido a dejar de ser honesto contigo mismo y adaptarte a lo que te pida por el amor tan grande que sientes?

Hay muchos ángulos desde los cuales puedes ver e intentar definir lo que es la persona correcta. Sea cual sea tu significado de la persona correcta, por favor no dejes por ningún motivo de ser honesto contigo mismo, ya que esa falta de honestidad es lo que terminará separándolos. Si tú estás convencido de no tener hijos y él o ella está convencida de lo contrario, podrías entonces estar iniciando una relación destinada al fracaso. Aquí no estoy hablando de una pareja donde una de las partes estaba indecisa sobre los hijos y luego de tenerlos la pareja termina "feliz para siempre" como en los cuentos de hadas. Estoy hablando de parejas donde una de las partes está "convencida" de no tener hijos y la otra parte está "convencida" de sí tenerlos.

Juan Carlos y Sarah eran una pareja fabulosa en todos los aspectos de la vida. Eran muy buenos anfitriones, trabajadores dedicados, argumentaban un gran sentido de responsabilidad hacia el planeta y la humanidad; en fin, casi cualquier característica buena que te puedas imaginar, era parte de su vida como pareja. Así de simple, cualquier cosa que pudiera ser considerada como una característica de la pareja perfecta, ellos la tenían.

Antes de casarse, Juan Carlos y Sarah hicieron unos votos sobre los aspectos no negociables en su futura vida como esposos. Juan Carlos hizo jurar a Sarah que jamás le impediría irse con sus amigos los domingos al estadio de fútbol y Sarah le hizo jurar a Juan Carlos que nunca le pediría un hijo, aun cuando Juan Carlos siempre hablaba de sus deseos de tener dos hijos. ¿Recuerdas lo que mencioné hace unas pocas líneas sobre relaciones destinadas al fracaso cuando las dos partes no están totalmente claras con respecto al tema de los hijos? Según Sarah, ellos estaban llegando al matrimonio con la premisa de los hijos perfectamente clara y aceptada.

Al cabo de 5 años de matrimonio, Juan Carlos comenzó a presionar fuertemente a Sarah para tener hijos y el tema lo tocaban abiertamente en frente de amigos y familiares. La decisión de hablarlo delante de otras personas era obviamente de Juan Carlos. Sarah no proponía hablar sobre el tema, pero si participaba activamente de dichas conversaciones, compartiendo con los demás las razones con respecto a su decisión de vida. Juan Carlos se estaba obsesionado con el tema de los hijos y estaba poniendo a Sarah en una posición muy incómoda delante de todos sus familiares y amigos. Las conversaciones sobre cualquier otro tema que no fueran los hijos duraban solamente un par de minutos porque eran interrumpidas una y otra vez por la insistencia de Juan Carlos de retomarlas. No solo hablaba de hijos sino de específicamente tener un niño y una niña. ¡La parejita! ¡Qué linda parejita! ¡El sueño dorado de muchos!

Sarah, por el contrario, estaba muy cómoda con su vida y usaba argumentos sólidos para disuadir a Juan Carlos, quien, con el paso de los años y su incansable insistencia, la convenció a acceder a emprender la búsqueda de hijos. La decisión de Sarah de aceptar la procreación fue para "evitar poner en riesgo su matrimonio".

Luego de un año de intentos fallidos, Juan Carlos y Sarah decidieron buscar ayuda profesional, con la mala noticia que Sarah tenía problemas que le impedían quedar embarazada. La pareja emprendió un largo y muy costoso proceso de tratamientos médicos, los cuales dieron sus frutos unos tres años más tarde con mellizos. Un niño y niña. Esta situación no podía ser más perfecta para Juan Carlos. No solo tenía el niño y la niña, sino que habían llegado al mismo tiempo.

Pero ¿qué sucedió con Sarah? Al cabo de 5 años del nacimiento de los mellizos, la pareja lamentablemente decide separarse. Los hijos habían cambiado todo aquello que Sarah había soñado para sí misma desde que era una niña. Había dejado de ser honesta consigo misma por hacer feliz a la "persona correcta", por hacer feliz a aquel hombre que le prometió respetar su decisión de vida de permanecer sin hijos cuando se comprometieron en matrimonio, cuando se juraron amor eterno durante una

72

velada romántica, con un anillo en el fondo de una copa de champagne.

Sarah sigue amando a sus hijos, de eso soy testigo. Es una madre dedicada y una ejecutiva ejemplar. Su vida, vista desde afuera, parece perfecta. Sarah se ha casado nuevamente con un hombre sin hijos y mantiene una relación cordial con Juan Carlos, con quien comparte la custodia de los mellizos sin contratiempos.

Sin embargo, cuando hablo con Sarah, es muy enfática en que cometió un gran error porque ese no era el camino que ella había elegido para su vida, había dejado de ser honesta consigo misma para no perder a su esposo y terminó de todas maneras perdiendo a su esposo por haber dejado de ser honesta con ella misma.

Juan Carlos también se ha casado nuevamente y ha tenido otro hijo. Al contrario de Sarah, él está mucho más feliz. Los hijos para el son más importantes que cualquier otra cosa.

Al final de la historia, lamentablemente los hijos son siempre las víctimas inocentes de la falta de honestidad de sus padres consigo mismos. Ahora viven medio tiempo con cada uno, aun cuando nunca les dijeron las razones reales de la separación.

Debo ser muy enfático en este asunto una y otra vez. Antes de vivir con otra persona o de entrar en asuntos mucho más serios, tales como el matrimonio, debes ser brutalmente honesto y mantenerte en tu decisión. A final de cuentas, es mejor terminar una relación desde el principio que tener que ver a tu "ex" durante el resto de tu vida porque tienen hijos en común.

No.13 ¿Quién te va a dar nietos?

Es muy extraño que a una persona le pregunten por nietos, cuando ni siquiera quiere tener hijos. Esta pregunta casi nunca te la van a hacer en primera instancia, sino que aparece después de haberte hecho varias preguntas, a las cuales has respondido de manera convincente sobre tu posición de no tener hijos. Es algo así como un recurso desesperado de mostrarte que las consecuencias de no tener hijos te perseguirán hasta que seas un viejo "sin nietos".

¿Quién en su sano juicio quiere tener nietos sin siquiera haber querido tener hijos?

Mi amiga Magda tiene cuatro hijas, una de las cuales estaba a punto de darle su primer nieto durante mi entrevista. Magda me comentó en varias oportunidades que estaba mucho más feliz de convertirse en abuela de lo que estaba cuando se iba a convertir en madre por primera vez. Yo pensaba que el sentimiento de convertirse en abuelo o abuela no se comparaba con el sentimiento de convertirse en padre o madre, sin embargo, parece que para algunas personas es más placentera y emocionante la primera opción. Tal vez no sea una situación común pero definitivamente si sucede.

Al margen de qué tan común sea la situación, no me pude contener y tuve que preguntarle la causa de tanta felicidad. Yo necesitaba más detalles, no tenía mucho sentido desde mi punto de vista que estuviera más feliz de ser abuela que de ser madre, mucho menos sabiendo que Magda estaba muy orgullosa de sus cuatro hijas y muy feliz por la manera como se habían convertido en adultos y por las decisiones que habían tomado en el transcurso de sus vidas. Debo admitir que esto no es un sentimiento muy común en los padres hacia los hijos. Casi todos los demás padres y madres que conozco critican de una u otra manera las decisiones que han tomado sus hijos durante la adultez.

Debía haber algo en la imaginación de Magda de cómo sería su vida de abuela que la hacía tan feliz. Magda me dijo en varias oportunidades:

—La dedicación y el amor que les he dado a mis hijas van a ser transmitidos a mis nietos y por eso me van a querer y me van a visitar mucho. Con la ayuda de los adelantos tecnológicos, las personas van a tener más tiempo para dedicarse a sus familias y por eso voy a ser una abuela con la casa llena de nietos visitándome constantemente—.

No sé qué tan ciertas sean las predicciones de Magda, pero yo veo muy poco probable que su casa se mantenga llena de nietos, considerando que todas sus hijas viven fuera del país y son profesionales con carreras muy demandantes. Las hijas de Magda la visitan una sola vez por año y tratan de ir todas al tiempo para hacer una gran celebración familiar.

¿Será que los nietos mantendrán la tradición de visitar a Magda? o ¿podrán hacerlo más a menudo considerando la predicción futurista de Magda, que la tecnología nos dejará tiempo de sobra para visitar nuestros seres queridos? No existe fórmula matemática para contestar a esa pregunta.

La mayoría de las personas que conozco que tienen hijos adultos, mantienen encendida una gran esperanza en los nietos. Esto debe ser como una perspectiva romántica de sentirse padres nuevamente, pero sin la responsabilidad de cargar con los gastos. Por otro lado, la gran mayoría de personas que conozco con nietos adolescentes o adultos, no reciben tantas visitas como cuando los nietos eran pequeños y eran llevados por sus padres a visitar a los abuelos.

Ahora te voy a contar un poco sobre mi amigo Walter, quien nos da un punto de vista mucho menos romántico con respecto a los nietos.

Walter fue mi compañero de oficina por muchos años y se convirtió en abuelo cuando solamente tenía 39 años. Walter es una de esas personas, de las que al parecer no existen muchas en este planeta, con pocas expectativas con respecto a su influencia en la vida de sus nietos y viceversa. Walter dice haber leído muchos libros sobre cómo ser un buen abuelo y ha hecho una lista de las cosas que debe tener en cuenta para no tener problemas con sus hijos. No podía creer que había alguien tan organizado para lidiar con temas de hijos y nietos. Walter dice que lo más importante de todo es "morderse la lengua". Comenta que no importa si eres psicólogo infantil, pediatra, o si has criado exitosamente varios hijos. Nada de eso importa ya que una vez abres la boca para opinar, tus propios hijos te van a dar a entender, con la mirada o con comentarios directos, que no tienes la más remota idea de lo que estás hablando porque "los tiempos han cambiado y no es tan fácil como era antes". ¿Te suena familiar esa frase?

—Después de morderte la lengua, —continúa Walter, —lo más importante es recordarte que ¡no son tus hijos! Esto es más fácil de decir que de hacer. Cualquiera sabe que sus nietos no son sus hijos ¿cierto? Bueno, al parecer muchos abuelos se toman atribuciones y creen que son parte de una gran familia feliz que acaba de tornarse más grande por la llegada de los nietos. Lamentablemente no es así, te van a criticar hasta la manera como los llevas en los brazos y mucho cuidado con darles algo de comer fuera de su estricta agenda alimenticia o dejarlos ver televisión fuera del horario determinado por los padres—.

—Si te muerdes la lengua y aceptas que no son tus hijos, de todas maneras todavía te tienes que ajustar a una larga lista de reglas a la cual te van a someter tus propios hijos: "No le des palmadas en la espalda, no le des dulces, así no es como debes sentarlo en el coche, el cinturón de seguridad de la silla del bebé quedó mal ajustado, no le amarraste bien los cordones, tiene la cara sucia, no lo acuestes boca abajo, no lo acuestes boca arriba, no le hables tan cerca de la cara, etc."—. Seguramente habrás escuchado todas estas frases y muchísimas más cuando eres testigo de un hijo hablando a sus padres sobre sus propios hijos. El drama no acaba nunca.

—Una vez estás absolutamente sometido a todas las reglas de tus hijos, —continúa Walter, —tienes que deshacerte de cualquier tipo de expectativas que tengas con tus nietos—. No te van a visitar cuando más lo necesitas, sino cuando la agenda de los padres, o sea las agendas de tus propios hijos, así lo permitan—.

— Pero ten mucho cuidado, ya que cuando te visitan debes mantener la boca cerrada y no proponer ningún plan porque, si algo sale mal, te lo recordarán hasta que cierren la puerta de tu cajón para despedirte de este mundo. Mejor dicho, si algún día el bebé llora mientras está bajo tu cuidado, mejor desaparece lo más rápido posible y apaga tu celular para que no te puedan localizar——.

Entonces, cuando te pregunten ¿quién te va a dar nietos?, la respuesta correcta es "afortunadamente nadie".

No.14 Tus padres merecen tener nietos.

Interesante perspectiva la de muchas personas que piensan que los padres "merecen" que sus hijos tengan hijos. Es un absurdo este tipo de lógica del pensamiento. Confieso que esta es una de las preguntas que me tomó totalmente por sorpresa. Yo había hecho mi propio listado de las preguntas con las cuales esperaba tropezarme durante la escritura de este libro, sin embargo, reitero que esta es una de las inquietudes que ni siquiera pasaron por mi cabeza.

No podía concebir en mi mente que tener un hijo podría ser percibido como un gesto de agradecimiento con los padres y que, para muchas personas, el hecho de tener hijos implicaba que en algún momento de la vida querrían tener nietos. Pero el asunto no se queda allí, no se trata solamente de quererlos sino de "merecerlos". Tal cual como lo estás leyendo, "Tus padres al parecer merecen tener nietos"

Supongamos que los nietos existen y la razón de la llegada al mundo ha sido para cumplir con los abuelos ¿Esto realmente garantiza que los nietos van a querer siquiera invertir tiempo en sus abuelos? Cuando son chicos, es muy fácil que visiten a sus abuelos ya que los chicos van donde los padres los lleven. Pero qué sucede cuando comienzan a tomar sus propias decisiones. ¿Querrán visitar a los abuelos? ¿Habrá química entre nietos y abuelos?

También debemos tener en cuenta que hay abuelos a quienes no les gusta que los visiten ni que los usen para cuidar a los nietos cuando los padres se quieren tomar unas "merecidas" vacaciones. Hay abuelos que caen en cuenta que todavía tienen opciones de pasarla bien en este mundo más allá de hacer monerías para entretener a los nietos.

Mi opinión es que los hijos y nietos que llegan a este mundo deben tener la opción de no sobrellevar el peso de tener que ser un motivo de orgullo para sus padres y juguetes para los abuelos.

Uno de los casos más entretenidos que he escuchado en toda mi vida es el de una pareja de abuelos de 70 y 74 años, Diana y Jaime, que reunió a sus hijos para discutir la agenda de visita de los nietos. Pero primero déjame contarte un poco más sobre las vidas de Diana y Jaime y de la manera como ellos llegaron a la decisión de proponer una agenda para la visita de los nietos.

Diana y Jaime tuvieron tres adorables hijos, muy fáciles de criar según me contaron, buenos estudiantes, ayudaban en las tareas de la casa y nunca generaron problemas más allá de inconvenientes menores propios de la adolescencia.

Aun cuando los tres hijos vivían fuera de Colombia, ellos viajaban a su país natal para visitar a sus padres durante los cumpleaños, día del padre, día de la madre, vacaciones de verano, navidad, fin de año, etc. Cualquier evento que te puedas imaginar, la familia Del Castillo lo celebraba.

Las reuniones no se limitaban solamente a las fechas especiales, los afortunados Diana y Jaime recibían constantemente a sus hijos y nietos los fines de semana y a veces los visitaban por semanas completas durante los períodos de vacaciones.

Con el pasar de los años, Diana y Jaime tomaron la decisión de dedicarse más tiempo a ellos mismos. Esta idea surgió como consecuencia de la visita de una de las amigas viudas de Diana a Bogotá. Durante la visita, Roberta, la amiga de Diana, les mostró las fotos sobre algunos viajes alrededor del mundo, fotos de cenas con un grupo de amigos, de los paseos en bicicleta, del club de lectura, de cruceros, del grupo de yoga, etc. Roberta parecía haber comenzado una nueva vida que Diana y Jaime nunca imaginaron para ellos mismos.

Una vez Roberta se despidió, Diana y Jaime me confesaron que no pudieron dormir esa noche.

—Amor, —abrió la conversación Jaime, mientras miraba al techo desde su cama.

—Dime amor, —respondió Diana en la misma posición.

—¿Estás pensando lo mismo que yo?

—Creo que si mi amor. ¿Qué estamos esperando?

Solamente dos personas que llevan muchos años juntos se pueden entender con tan pocas palabras. A la mañana siguiente, Diana le dijo a Jaime que debían terminar la conversación de la noche anterior. Me comentaron que había sido el desayuno más importante que tuvieron durante toda su vida hasta el día de hoy. Fue una situación fantástica, el desayuno más importante de toda la vida lo habían tenido cuando Jaime había alcanzado los 74 años y Diana los 70. No hay duda de que este ejemplo nos muestra que nunca, absolutamente nunca, es tarde para tomar acción sobre algo que te haga feliz.

Durante el largo desayuno decidieron hacer una lista de las cosas que querían hacer antes de morir. La lista fue tan larga que tuvieron que retomar la discusión por varios días hasta llegar a la lista definitiva. Desconozco cuantas actividades dejaron en la lista final, sin embargo, debió ser una lista abultada porque lo que viene a continuación dejó perplejos a sus hijos y nietos.

Diana y Jaime citaron a sus hijos y nietos a una reunión para plantearles una agenda de visitas. ¡Podrás imaginarte la cara de sorpresa de todos!

—¿De qué están hablando?, —replicó Cristal—, la hija mayor.

Diana explicó a sus hijos y nietos que se embarcaría con su esposo, en un plan de acciones diseñado para cumplir con todas las cosas que querían hacer como pareja y como individuos antes de morir. Como era de esperarse, fueron abruptamente interrumpidos nuevamente por Cristal.

—¿Cómo es posible que esos planes nos incluyan a los hijos y nietos?

—No se trata de separarlos de nuestras vidas, —respondió Jaime. —Se trata simplemente de dedicarnos un poco más de tiempo a nosotros mismos.

Diana y Jaime me contaron que la conversación duró por varias horas y que no fue tarea fácil hacer entender a sus hijos y nietos acerca de la nueva vida que ellos querían comenzar. Es más, Cristal aún tiene ciertas reservas sobre la decisión de sus padres, ya que muchas de las fechas que antes dedicaban a reuniones familiares ahora son fechas exclusivas para Diana y Jaime.

Te he contado esta historia con el objetivo de mostrarte que no todos los abuelos están esperando por ser visitados por sus hijos y nietos. No todos los abuelos piensan que merecen tener nietos. No todos los abuelos están esperando, sentados en un mecedor, para ser incluidos en los planes de sus hijos o de sus nietos. Muchos abuelos están actuando, están retomando el control de sus propias vidas.

¿Realmente tus padres merecen tener nietos? Lo que realmente merecen tus padres es respeto y que les den el espacio suficiente para que retomen sus propias vidas, después de haber dedicado tanto tiempo a sus propios hijos.

Tus padres tomaron en algún momento la decisión de tener hijos. Eso no quiere decir tú tengas que tomar la misma decisión simplemente para complacerlos. Imagina que tienes hijos simplemente para complacer a tus padres, entonces, ¿qué pasaría si tus padres no gustaran de tus hijos?, o ¿qué pasaría cuando tus padres murieran? Tú todavía tendrías que lidiar con tus hijos aun cuando la razón principal para traerlos al mundo, "los abuelos" ya se hubiera extinguido. No tiene sentido, ¿cierto?

Es una realidad que hay muchas cosas, que hacemos o que dejamos de hacer, que no complacen a nuestros padres. Muchos padres quisieran a sus hijos viviendo más cerca, o haciendo diferentes trabajos, o les habría gustado verlos con una pareja diferente. Eso es parte de la vida. Los padres responsables crían a los hijos para que se conviertan en personas que toman las mejores decisiones por sí mismos, en vez de criarlos para que se conviertan en una extensión de sus padres.

Una vez escuché a mis padres conversando sobre mi futuro cuando yo era muy pequeño, de recuerdo la edad con exactitud. Recuerdo claramente cuando mi madre dijo que le encantaría que yo me convirtiera en médico como mi padre. Por muchos años me interesé por todo lo que hacía mi papá. Ya estaba impreso en mi cerebro que debería ser médico para complacer a mis padres. Afortunadamente, en algún momento en medio del camino y con la ayuda de mis padres, me decidí por mi verdadera pasión laboral que es la ingeniería. No me imagino los problemas que hubiera ocasionado a mi propia vida de haberme convertido en médico.

La medicina es una de las profesiones más respetables y tengo el más profundo aprecio por los médicos, pienso que son los verdaderos causantes de los milagros, solo que simplemente no era mi pasión y no lo iba a hacer solo por complacer a mis padres. Agradezco infinitamente a mi padre y a mi madre porque se tomaron la molestia de escucharme y de guiarme (como lo hicieron en todas las etapas de mi vida) cuando me encontraba en los momentos clave para tomar la decisión sobre cuál profesión estudiar.

No.15 Tus padres te dieron la vida, tus hijos se merecen la experiencia de la vida.

Al igual que la pregunta No. 14, ésta tampoco me la esperaba. Es demasiado bizarra a mi parecer.

Cuán profundo es el conocimiento que tiene una persona sobre biología y física cuántica, por solamente mencionar dos disciplinas ligadas a la vida, que asume que tus hijos merecen la experiencia de la vida. ¿Cuáles hijos merecen la experiencia de la vida? ¿Será que los hijos ya existen en algún otro plano de la realidad esperando que sus padres copulen y les permitan cruzar hacia este mundo? Desde el punto de vista de la biología esto es un completo disparate. Hay, por el contrario, muchas creencias, religiones, supersticiones, etc., que indican que los seres humanos existen de manera "no biológica" en algún universo paralelo, esperando el momento preciso de la cópula para colarse en el mundo físico. No hay pruebas con respecto a estas aseveraciones, pero las voy a considerar como una opción de todas maneras, como una opción plausible, con el objetivo de hacer énfasis sobre lo absurdo de la propuesta sobre merecer la experiencia de la vida.

Tengamos en cuenta que hay una diferencia muy grande entre vivir y existir. ¿Qué pasa si ese ser en el otro plano no quiere venir a "existir" en esta vida y tú lo estás obligando a venir a través de tu acto sexual?, o ¿será que el ser que todavía no existe biológicamente puede decidir no venir al mundo físico porque no le gustan los padres que les habían sido asignados y le deja la oportunidad a otro que si quiere?

Vamos a suponer, por seguirle la corriente a las personas que hacen este tipo de preguntas, que le permites a tu hijo no biológico, el cual está esperando en otra dimensión la oportunidad para "existir" y tener la "experiencia de la vida", pero resulta que la vida de tu hijo termina siendo un completo disparate, debido a problemas físicos, mentales, falta de cumplimiento de sus propios objetivos, suicidio, etc. ¿En qué consiste tu benevolencia o tu mérito como padre o madre por haberle permitido "existir" si terminó siendo un desastre su "experiencia de vivir"? ¿Será que la información que llega desde el plano biológico al "no biológico" no es muy clara? Hago la pregunta porque hay muchos niños con padres y madres muy malos. De esto no hay la menor duda. ¿Esos seres "no biológicos" escogieron mal o los padres son asignados obligatoriamente?

Si no has tenido hijos, simplemente no existen, no hay mucho que argumentar al respecto. Somos una sola humanidad y creo que tiene más sentido darle la oportunidad de una vida decente a uno de tantos seres humanos con padres irresponsables que los han abandonado, que traer uno más a este abarrotado planeta. Cuando estemos colonizando otros planetas tal vez volvamos a las épocas donde reproducirse como conejos tenga sentido, dadas las pocas posibilidades de supervivencia de la población. Ese no es el caso en este momento de nuestra historia.

Alguna vez escuché de mi profesor de buceo que era mucho más importante promover la existencia de la felicidad que imaginar la felicidad de la existencia. Creo que esa frase la sacó de un libro, pero no lo recuerdo y ya no le puedo preguntar porque lamentablemente Roberto se fue de este mundo. Digo lamentablemente porque no había llegado siquiera a los 60 años y me daba la impresión de que aún tenía muchos planes de vida.

Yo respondería que prefiero aprovechar mi propia existencia y darle felicidad a la existencia de otros, que asumir que algún ser, en alguna otra dimensión, está esperando por mi acto reproductivo para venir al mundo biológico a existir.

No.16 Es un tema de mujeres, es la naturaleza, los hombres no lo entienden.

Esto es casi como decir que el papel del hombre en el proceso de formación y mantenimiento de una familia se limita a la cópula. Esto es muy primitivo, aunque desafortunadamente real en muchísimos casos. Todos conocemos algún individuo que es muy mal padre, como si su único aporte a la vida del hijo hubiera sido embarazar a la mamá. Pero tenemos que ser justos, ya que también todos conocemos hombres que son padres excepcionales. La reproducción no es un tema de mujeres solamente, es también un tema de hombres.

La reproducción es por sí misma el primer paso para asegurar la supervivencia de la especie, de manera que está profundamente codificada en el ADN tanto de hombres como de mujeres.

No importa cuánto deseo tenga una mujer o un hombre de engendrar, tarde o temprano tomarán la decisión de detenerse y no continuar reproduciéndose. Este comportamiento es diferente a todos los demás mamíferos, quienes continúan reproduciéndose mientras su propia naturaleza se los permita, ellos no toman la decisión consiente de detenerse. Solamente el ser humano se detiene voluntariamente. Lo que sucede es que la parte razonable que hay dentro de nosotros nos dice que es tiempo de detenernos por una de muchas razones que podemos identificar conscientemente. No es que la hada madrina de los bebés deja de bendecir a la pareja reproductora o que la cigüeña se cansó de ir a llevar más bebés a la misma dirección. Hay muchos motivos, pero los tres principales que pude identificar durante mis entrevistas fueron: el dinero, el tiempo y la salud.

Así de simple, la mayoría de las parejas se detienen porque resulta demasiado costoso reproducirse sin control, porque obviamente la pareja no tendría tiempo para hacer otra cosa diferente a criar y porque el cuerpo se cansa y la salud deja de estar en el estado ideal para continuar hasta que llegue la menopausia. Sean cuales fueren las razones, la gran mayoría de personas toman esa decisión conscientemente y mucho antes que el pediatra le diga a la parejita que están poniendo en riesgo la vida de la mamá si siguen reproduciéndose.

Entonces ¿será que el momento en el cual deciden detenerse es también un tema de mujeres que los hombres no entienden? Pues como ya lo vimos es un tema de dinero, tiempo y salud. Quién sabe qué más razones habrá.

¿Cuántas personas conoces que te han dicho que quieren tener hijos porque quieren dejarle al planeta las mejores personas posibles para el bien de la humanidad? Me sorprendería mucho si has conocido por lo menos a una sola persona que lo exprese de esta manera.

Yo creo que mucho más que naturaleza femenina, la búsqueda de hijos se atribuye a la demandante presión social, especialmente sobre las mujeres, y a la manera como nos organizan los pensamientos desde niños. Las niñas generalmente juegan con muñecas y muchos de los juegos van encaminados a que la muñeca se case con un apuesto millonario (porque los muñecos vienen con casa, carro, moto, yate, etc.) Luego de que la muñeca logra el anhelado matrimonio con el muñeco perfecto, viene el bebé casi de inmediato. La correlación entre el acto del matrimonio y los hijos es casi automática en los juegos de las niñas. El pequeño cerebrito comienza con el elaborado plan social de irlas preparando para lo que se viene.

Luego las muñecas quedan de lado porque la niña ahora comienza a interpretar a la muñeca que ahora tiene un bebé y se dedica a darle comida, a planchar, lavar, a fortalecer sus lazos de amistad con sus amiguitas mientras actúan como si fueran madres tomando el té y hablando de la ropita que han comprado a sus bebés y del shopping que van a hacer, ya que el padre rico pagará el saldo de la tarjeta de crédito. Qué ternura, los juegos de la pobre niña la van moldeando como una especie de ente biológico en pleno entrenamiento para que se reproduzca y con posibilidades mínimas de aportar algo valioso al planeta, mientras que los niños se dedican a los juegos un poco más aventureros, tales como bomberos, médicos, astronautas policías, etc. Todos encaminados a cualquier tipo de actividad totalmente ajena a ser parte de una familia. Es como si las niñas jugaran a ser "esposas trofeo" de los aventureros niños.

Afortunadamente para nuestra humanidad esto está cambiando. Me produce mucha alegría ver a las niñas haciendo cosas que antes hacían solamente los niños. Una vez vi a una niña en un parque en Bogotá manejando una réplica de una Harley Davidson. ¡Qué maravilloso! Las demás niñas que estaban sentadas en el pasto jugando al picnic con sus muñecas parecían estupefactas admirando a aquella niña conduciendo una moto.

Algo que está ayudando mucho a este cambio es que las niñas ahora tienen más opciones para escoger. Los ídolos de las niñas ya no son las Barbies representado esposas "trofeo", cargando bolsas de compras y manejando autos convertibles rosados. Ahora hay muñecas con uniformes de astronautas, doctoras, policías, chefs, abogadas, arquitectas, corredoras de autos, etc. La era de la niña criada para convertirse en madre está llegando afortunadamente a su final y esto tal vez es el resultado de una respuesta del subconsciente de detener el crecimiento de la población, sumado a que la sociedad finalmente ha entendido que el aporte de hombres y mujeres está determinado por su educación y actitud ante la vida y no por sus órganos genitales. Asumir que el objetivo primordial de una mujer es ser madre ha quedado absolutamente obsoleto.

Esto no ocurre en sociedades donde existe un amigo imaginario, todopoderoso y castigador, quien tiene un listado de leyes estrictas que pretenden mantener a las sociedades en la edad de piedra y a la mujer encerrada en la casa.

No.17 Tú serías una gran madre o un gran padre.

Alguna vez escuché de parte de una amiga que yo sería un gran padre. Seguramente tú habrás escuchado a alguien decirte que serías un gran padre o una gran madre. Es alagador que alguien piense que podemos ser buenos padres o madres, pero eso definitivamente no significa que debamos continuar con esta obsesiva reproducción desproporcionada y sin sentido, simplemente porque tenemos el presentimiento de que podemos ser buenos en dicha actividad. Tal como lo he mencionado en anteriores oportunidades, tener la capacidad de ser buenos padres no te obliga a reproducirte y siempre tendrás la opción de ayudar a algún niño abandonado si tienes el talento de criar. Claro está, que el hecho de creer que vas a ser un buen padre o una buena madre tampoco garantiza que sea así.

Si tienes potencial para ser un buen aviador no quiere decir que te vas a dedicar a dicha profesión, o hobby, y tampoco garantiza que no te vayas a estrellar. Probablemente tienes muchos más talentos de los que te puedes imaginar, sin embargo, el tiempo en este mundo es limitado y solamente podemos hacer un determinado número de actividades. Es por esta sencilla razón que sugiero que hagas una lista de todo aquello que quieres hacer antes de morir, coloques las más importantes al principio de la lista y te pongas a trabajar en llevarlas a cabo.

¿Ser padre o madre no está en tu lista? Entonces el talento que puedas o no tener para eso no viene al caso ya que no lo vas a usar. Así como no viene al caso convertirte en cualquier otra cosa que no esté en tu lista. Bueno, cabe anotar que hay cosas que tenemos que hacer en esta vida por el simple motivo que tenemos que ganar dinero para sobrevivir. Si no te gusta tu trabajo, pues busca la manera de hacerlo llevadero hasta que consigas el que si te gusta o que crees una fuente de ingresos que no dependa de un empleo.

Durante una de mis entrevistas a un padre que lucía muy agobiado intentando hacer todos los malabares habidos y por haber para mantener en silencio a sus hijos, me comentaba que él siempre pensó que sería un gran padre porque en su época sin hijos era considerado como el tío ideal. Todos los sobrinos y sobrinas amaban a Miguel Angel, sus hermanas apreciaban mucho que siempre estaba disponible para cuidar a todos los niños y que tenía un innegable talento para mantenerlos a todos ocupados y felices.

Los chicos amaban al tío "Mickey". Constantemente pedían a sus padres que los llevaran donde el tío "Mickey", quien nunca mostró señales de cansancio o de indisposición para recibir en su apartamento, no solamente a todos sus sobrinos, sino que también a todos sus amiguitos y amiguitas.

Cuando Miguel Angel se casó, su esposa estaba absolutamente segura de que él sería el uno de los mejores papás del mundo, ya que fue testigo del comportamiento de Miguel Angel con sus sobrinos y del amor que le profesaban todos los chiquillos que tenían la fortuna de tenerlo como tío. Pero tanto él como su esposa pasaron por alto un pequeño detalle. Miguel Angel me confesó, mientras disfrutábamos de un café, que él nunca tuvo en cuenta ese "pequeño detalle" que lo golpeó como un fuerte puño de acero en su cara, cuando finalmente tuvo sus hijos… —Todos los niños que cuidé por muchos años estaban simplemente de paso, —replicó Miguel Angel. Luego me explicó un poco más en detalle:

—Lo que no había analizado es que ellos se quedaban algunos días conmigo, una semana como máximo en la cual les podía dedicar toda mi energía. La diferencia es que ahora no hay descanso, no hay fecha de caducidad de la temporada, no hay ninguna alternativa que no sea dedicarle el 100% de tu energía el 100% de tu tiempo. Con trabajo, sin trabajo, llueva, truene o relampaguee, siempre debes estar disponible. No son tus sobrinos, son tus hijos, son tu absoluta responsabilidad y no los puedes devolver al final del día de visita.

Miguel Angel tenía cara de pánico cuando me contaba esta historia. Habría sido la carátula perfecta para este libro, pero ni siquiera me atreví a proponérselo porque es una cara conocida en su país.

Tener talento para ser padre y disfrutar de la compañía de los hijos ajenos no es garantía de que lo vas a disfrutar cuando se trate de tus propios hijos. Los sobrinos representan lo mejor de los dos mundos, ya que vas a disfrutar de los niños, de su alegría y de su hermosa compañía, pero al final del día, cuando estés cansado y quieras recuperar tu libertad... ¡simplemente los devuelves!

Tal vez una respuesta adecuada a esta pregunta es: "prefiero ser un buen tío"

No.18 Ten un hijo como sea, yo te ayudo a cuidarlo.

¿Yo te ayudo a cuidarlo? ¿Cuál es exactamente el significado de esto? ¿Significa que van a ayudarte a cargarlo cuando se vomite la criatura, o significa acaso que se van a pasar la noche en vela con tus hijos cuando tengas ganas de salir a cenar o darte una buena fiesta? Tal vez tengas más suerte y a lo que se refieren realmente es a que se van a encargar de tus hijos, con todos los gastos incluidos, cuando te quieras tomar dos o tres semanas de vacaciones al otro lado del mundo. Tal vez tengas mucha más suerte y hasta se ofrezcan a pagarles el seguro médico, la educación, la alimentación y hasta la ropa.

Hay muchos casos de familiares, amigos, e inclusive de desconocidos, que ayudan económicamente a parejas o padres y madres solteras que tienen hijos y que enfrentan dificultades económicas. Es muy probable que tú hayas sido testigo de algún caso similar ya que las parejas con hijos y problemas económicos abundan a lo largo y ancho del planeta. También existen muchos casos de personas que ayudan sin ánimo de lucro a cuidar hijos de personas que tienen jornadas laborales extensas o que hasta tienen más de un trabajo para poderse mantener. Hay infinidades de casos como los que describo, sin embargo, el simple hecho de considerar traer un ser humano al mundo bajo la promesa de que serás ayudado por otra persona es un disparate. Es algo así como decir "voy a traer un ser humano al mundo por la sencilla razón de que tengo una tía y unos amigos muy buenos que me dicen que me van a ayudar a criarlo"

La tía de un compañero de buceo, Raquel, ha tenido una vida muy estable. Se casó cuando tenía 25 años, tuvo dos hijos exitosos, una carrera satisfactoria y actualmente tiene una jugosa pensión que le permite disfrutar de la vida sin preocupaciones económicas. Está dedicando gran parte de su tiempo a diseñar joyería y a la pintura sobre lienzo y ha logrado vender sus primeros diseños para joyerías locales y participa activamente en ferias de arte donde ha vendido, hasta el momento de mi entrevista, más de 20 cuadros. Constantemente invita a familiares y amigos a su casa para disfrutar de una tarde de café y panecillos y es muy apreciada por prácticamente todas las personas que la conocen.

Lo único que no salió de acuerdo con los planes de Raquel, en su casi impecable vida, fue que tuvo que divorciarse cuando tenía poco más de 60 años ya que su esposo se había convertido en un borracho inútil. Si lo vemos desde un punto de vista un poco más realista y menos romántico, el hecho de haberse separado no ha sido para nada algo malo porque ahora tiene toda la pensión para ella sola y no debe cargar con un viejo con tufo de la noche anterior.

Raquel constantemente le recuerda a Peter y a Mia (mi compañero de buceo y su esposa) que ella tiene todo el tiempo del mundo disponible para ayudarlos a criar su hijo tan pronto se decidan a tenerlo. Es un gesto muy noble pero una fantasía desde todo punto de vista.

Es una realidad que la mayoría de las parejas y padres y madres solteras, necesitan de ayuda con sus hijos debido a las demandas del mundo actual. El trabajo, las distancias, el tráfico, los viajes, etc. Hay muchas cosas que reducen el tiempo que los padres pueden dedicar a los hijos y una mano amiga ayudando con la crianza suena como una excelente idea, pero no como una razón que incline la balanza para tomar la decisión de tener un hijo.

Si cualquier persona está considerando la opción de tener un hijo basado en las personas que estén disponibles para ayudar, entonces está indiscutiblemente caminando al borde de un abismo. Reitero que es un gesto de mucha nobleza ofrecerse a ser parte de la crianza de hijos ajenos, sin embargo, no debería ser el motivo por el cual la balanza se incline hacia la decisión de traer seres a este mundo. Entiendo que no todo puede ser planeado en esta vida, pero más vale un buen plan que uno malo, sea lo que sea que se vaya a hacer.

Si en algún momento se ofrecen para ayudar a criar tu hijo inexistente, lo más sensato es decir "¿cuánto dinero tienes en el banco destinado para por lo menos garantizarle la educación en la universidad?". Si la persona tiene el dinero suficiente y está dispuesto a dártelo, entonces te toca buscar una respuesta más creativa.

No.19 Tú piensas que no quieres hijos, pero cambias de parecer tan pronto lo tengas en tus brazos.

¿Y qué pasa si no cambio de parecer al tenerlo en mis brazos? ¿Lo puedo devolver? No mi amigo, absolutamente no, en estos casos no se aceptan devoluciones. ¡Qué riesgo tan grande emprender el camino de convertirse en padres bajo la premisa de cambiar de parecer cuando llegue el momento de la verdad! Cambies o no de parecer, te acabas de embarcar en un compromiso que va a durar 18 años en el mejor de los casos, pero es mejor prepararse mental y físicamente haciendo cálculos para unos 25 años de dedicación absoluta, en los cuales tú mismo pasas a segundo plano en el mejor de los casos. Pasar a tercer o cuarto plano de tu propia vida es también una opción real.

No pongo en duda que sí existe un cambio en la personalidad de la mayoría de las mujeres y de un número importante de hombres cuando llegan los hijos. Para muchas especies en el reino animal, por supuesto que sucede lo mismo que a nosotros en cuanto al cambio de comportamiento cuando llegan las crías. Los instintos que surgen de las hembras una vez llegan las crías son fácilmente perceptibles, no tanto así en el caso de los machos, aunque irónicamente hay animales machos que son mucho mejores padres que la mayoría de los padres humanos. Por ejemplo, el león es un verdadero súper papá cuando se trata de cuidar la manada. Hay que pensarlo más de dos veces antes de hacerle "matoneo" a cualquiera de los hijos de un león, aunque es un experto dormilón cuando debería estar dedicando más tiempo a los cachorros. Algunos caninos como el chacal se mantienen junto a la hembra por toda la vida y son muy eficientes en el cuidado de las crías. ¿Cuántos hombres se mantienen de por vida al lado de una sola mujer al igual que lo hace el chacal? Tal vez no sea casualidad que las parejas humanas tienen mayores probabilidades de permanecer juntas mientras menos problemas económicos tengan, lo cual es equivalente en el reino animal para los chacales a tener éxito asegurando una cueva y unos cuantos ratones para comer cada día. ¿Será que, si el macho llega a la cueva sin ratones en la boca, la hembra le permitiría una noche romántica? Creo que no.

Otros ejemplos de buenos papás en el reino animal son el escarabajo acuático gigante de Japón, avestruces, algunos sapos que cuidan a sus crías dentro de sus propias bocas y el pingüino emperador, el cual mantiene el huevo sobre sus pies bajo el frío antártico para que no se congele y sin siquiera darse un descanso para comer por meses, mientras mami sale a pescar. El puesto de honor, como el mejor padre de todos según los biólogos, es para el caballito de mar. No solamente es monógamo, sino que es quien queda embarazado de unos 1,000 hijos de un solo envión. Aun con todo este esfuerzo y dedicación, el caballito de mar no es el papá perfecto, como ninguna otra especie en el planeta lo es, porque se come algunos de sus hijos para recuperar energías. Por malo que sea un papá humano, no conozco de ningún caso de un papá que se haya comido alguno de sus hijos para recuperarse del cansancio de la crianza.

Algunos padres y madres en la naturaleza no necesitan de muchos instintos de protección ya que los hijos llegan al mundo prácticamente equipados para valerse por sí solos desde que nacen. Este es el caso de los tiburones y muchas especies de insectos, donde los recién nacidos salen del huevo directo a buscar a quien comerse. Los padres se dan por desentendidos con el futuro de sus hijos desde el mismo momento del nacimiento. Hay otros padres y madres que, como muchos humanos irresponsables, se dan por desentendidos inclusive antes que lleguen los hijos. Algunas especies de ovíparos terminan su función paternal y maternal al momento de depositar los huevos. Este es el caso particular de las tortugas, las cuales ni siquiera les llegan a ver la cara a sus propios hijos. Simplemente depositan los huevos en una playa y se van a seguir con sus vidas como si nada hubiera sucedido. ¿Conoces alguna madre que haya hecho lo mismo que la tortuga? Probablemente sí. En caso de que no conozcas ninguna, te cuento que hay muchísimas. Se estima que existen más de 140 millones de huérfanos en el mundo, muchos de estos huérfanos son la consecuencia de guerras y pobreza, pero también muchos otros son simple consecuencia de malos padres y madres.

Nosotros los humanos somos más conscientes de cuidar de nuestros hijos una vez nacen debido a nuestra mayor inteligencia y a la estructura moral que hemos desarrollado a través de cientos de miles de años de evolución del cerebro. Muchas personas estarán en desacuerdo conmigo ya que argumentan que los seres humanos somos una especie divina que ha descendido directamente de la mente creadora del universo y que nuestro cerebro y nuestra moral no ha tenido ningún proceso evolutivo. Esto lo trataremos en otro libro dada su complejidad y a la gran cantidad de personas que todavía basan sus vidas en historias contadas por varias generaciones dentro de sus respectivas culturas.

Cuando los seres humanos abandonan a sus propios hijos es generalmente atribuible a problemas mentales, desesperación económica, imposibilidad física para mantener a los propios hijos, etc. Aunque también existen muchos abandonos porque los embarazos fueron el fruto de una noche loca y el padre no quiere tener nada que ver con la madre, o viceversa. Esto no es una excusa ya que una cosa es no querer tener nada que ver con la madre o el padre y otra es hacerse el tonto, como si no se tuviera una responsabilidad moral con la inocente criatura. Por mi parte yo no creo que alguien, en sus cinco sentidos, abandone a sus hijos. Realmente algo debe estar seriamente mal para que los padres abandonen a sus hijos. No estoy excusando a los malos padres, simplemente estoy sugiriendo que no están 100% en sus cabales.

Ya sea que tengas o no talento para ser padre o madre, nadie te garantiza que cambiarás de parecer cuando los tengas en tus brazos. Creo que es mucho más seguro no tenerlos si esa es tu convicción real. Es mucho más conveniente arrepentirse de no haber tenido un hijo que de haberlo tenido.

No.20 En algún momento de la vida, tu pareja te va a dejar por otra persona que sí está dispuesta a darle hijos.

Si estás considerando embarcarte en una relación seria de pareja, ya sea unión libre o matrimonio o cualquier otra que pueda existir, es absolutamente indispensable tocar el tema de los hijos antes de dar el primer paso. Deja de lado la conversación sobre el color de los muebles de la sala, el estilo del comedor, el tamaño de la cama o si van a tener o no un televisor dentro de la recámara. El tema de los hijos va primero y debe incluir hablar de adopciones. He conocido casos de parejas que estuvieron de acuerdo en absolutamente todo pero que no tocaron el tema de los hijos y con el pasar de los años tuvieron el inevitable desenlace de la ruptura. Tal como dice el título de este segmento, la ruptura generalmente va acompañada por uno de los integrantes de la pareja conociendo a alguien más con intenciones reales de formar familia. ¡Es un final totalmente predecible!

No es de sorprender que buenas relaciones de pareja se acaben por este motivo y me causa mucho asombro que una gran proporción de parejas que he conocido no hayan dejado este tema en claro antes de comprometerse o que ni siquiera lo hayan discutido con la requerida cantidad de detalle que demanda un tema tan delicado. Este tema es discutido en detalle, casi siempre, cuando una de las partes comienza a poner presión sobre la otra. En ese momento ya es demasiado tarde.

Irónicamente, los temas que más profundamente revisaron las parejas que entrevisté antes de comprometerse a una relación seria, por encima de lo relacionado con hijos, fueron los ingresos de cada uno, las deudas pendientes, el lugar donde querrían vivir juntos, el tipo de vivienda, incluyendo el número de cuartos y baños, la religión, los muebles, la manera como distribuirían los gastos, el tipo de colchón, las obligaciones con las familias de cada bando, las vacaciones, si van a tener o no TV en la habitación principal y por supuesto, el inevitable tema del sexo. Increíblemente, conocí parejas que hablaron inclusive del lugar donde vivirían durante el retiro.

Así es, me tropecé con la sorpresa que todos esos temas y algunos otros que se me pueden estar escapando en este momento, son discutidos meticulosamente mientras que el tema de los hijos recibe el frío comentario de, "eso lo discutimos luego, por ahora vamos a organizarnos como pareja". ¡Buena suerte con eso!

Por otro lado, hay parejas que sí tocan el tema en detalle, pero una de las dos partes cambia de parecer con el paso de los años. Echarse para atrás después de un acuerdo en cuanto a hijos es un tema irreconciliable en la mayoría de los casos y generalmente termina en separación. En los casos de separaciones inminentes, mientras más pronto mejor, de manera que cada uno tenga más años por delante para hacer lo que realmente les gusta en la vida. Si tu pareja quiere tener hijos, pero tú no quieres, tu pareja se merece la opción de dejarte y tú serás una persona muy afortunada porque no tendrás que pasar el resto de tu vida dedicada a cumplir los sueños de otra persona.

Ahora, si una de las dos partes no está totalmente convencida de no tener hijos, la persona que sí está convencida de no tenerlos debe tener el temple de aceptar que no es la pareja indicada y debe salir corriendo antes que lo embarquen "por accidente". Es una sola vida, ¿para qué gastarla satisfaciendo a otros mucho más que a ti mismo?

Conocí una pareja australiana que son un ejemplo claro de encontrarse en la encrucijada entre mantenerse en pareja o separarse. Los dos deportistas extremos, trabajadores eficientes y soy testigo de que se querían con locura. Los dos eran expertos en construir páginas web y vendían todo lo que te puedas imaginar a través de internet. Habían forjado equipos eficientes de trabajadores que se encargaban de los inventarios y ellos controlaban todo desde sus laptops. Esta manera de operar les permitía viajar por todo el mundo, como una especie de vacaciones permanentes ya que les bastaba con abrir sus computadoras para administrar sus negocios. Estuvieron juntos por diez años sin tocar el tema de los hijos hasta que Mark le dijo a Eileen, —amor, ya es hora, ya podemos tener hijos—.

Mark había insinuado querer hijos desde el momento en el cual comenzó una relación con Eileen, sin embargo, nunca evolucionó hasta convertirse en una conversación seria. Durante esos diez años, Mark no tocó el tema porque estaba esperando el momento justo en el cual sabría que no tendrían que trabajar más en caso así lo decidieran. Para Mark era el momento ideal para pedirle a Eileen tener hijos. Mark pensó que Eileen cedería al cabo de unos meses o tal vez dos años como máximo, no obstante, ella estaba muy segura con respecto a no tener hijos, al margen de su éxito profesional y de sus excelentes finanzas. Las fichas estaban jugadas, Mark tenía que tomar una decisión y su decisión al fin y al cabo fue separase de Eileen. Aún con todo el amor que Mark sentía por Eileen, su deseo por tener hijos abrió en su mente la opción de conocer a alguien más. Tal vez no lo hacía conscientemente, pero el deseo sí existía.

Aproximadamente un año antes de que Mark decidiera pedirle el divorcio a Eileen, había conocido a una mujer en un evento de informática en las Vegas. Mark me comentó que se mantuvo en contacto con Giulianna por motivos profesionales pero que no pudo contenerse una vez entendió que Giulianna deseaba formar una familia.

Mark estaba en una situación difícil porque ahora había conocido a una persona que tenía el mismo estilo de vida, pero consideraba a los hijos como lo más importante. El desenlace de esta historia de amor era casi evidente.

Si una persona quiere tener hijos, es muy probable que ese deseo incline la balanza hacia la separación. Por dolorosa que sea una separación, sigue siendo mejor opción que la convivencia entre dos personas que no están plenas el uno con el otro. A Eileen le dolió mucho pero ahora sigue plena con su vida.

Nadie con una mente estable se muere por amor, de manera que ánimo, ya que, si te van a dejar por no querer hijos, entonces agradece a la vida por una nueva oportunidad para comenzar de nuevo. Quién sabe, yo siempre he escuchado decir que detrás de toda tragedia vienen cosas muy buenas. Al fin y al cabo, es mejor la opción de estar solo que estar atado a sueños ajenos.

No.21 No tienes la más remota idea de que es el amor verdadero.

Si esto fuera cierto para todos los seres humanos, que el amor verdadero son solamente los hijos, entonces no habría cientos de miles de niños alrededor del mundo que son abandonados, abusados, rechazados, acosados, golpeados, asesinados. Todo esto a manos hasta de sus propios padres. Suena horrible, pero es una realidad diaria. No es que estas cosas sucedan de vez en cuando, suceden todos los días.

Por otro lado, sí es cierto, los hijos sí son el amor verdadero para muchas personas, así como también para muchas otras personas el amor verdadero llega a sus vidas a través de las parejas, los hobbies, los padres, el trabajo, las mascotas, o simplemente la vida misma. Hay una interminable lista de lo que puede representar el amor verdadero para una persona. Así es, rompe el paradigma. El amor verdadero de un ser humano no es en todos los casos los hijos y en muchos casos, al amor verdadero ni siquiera es otro ser humano.

Yo prefiero definir el amor verdadero como la "pasión", como aquello que mueve realmente a un ser humano a vivir plenamente, aquello que te arranca una sonrisa, independientemente de la situación por la cual estés atravesando, aquello que acelera los latidos de tu corazón con solo pensarlo. Una pasión no la puedes apagar, no la puedes detener, siempre estará en tu corazón y en tu cabeza. Cabe anotar que la pasión la podrías hacer sin que te paguen. ¿Puedes imaginarte en estos momentos cuál es tu pasión? Si está claro en tu mente y en tu corazón, entonces no tendrás la más mínima duda de entender lo que es el amor verdadero, o por lo menos una de las caras del amor verdadero.

Ahora bien, si tu pasión no está relacionada con otro ser humano, eso no quiere decir que no tienes la capacidad de amar sinceramente. Lo único que quiere decir es que tu amor verdadero no es otro ser humano. No te preocupes, tal como lo mencioné anteriormente, no eres al único que le sucede.

Durante los años que viví en Miami me encontré con un amigo de la escuela secundaria. Yo me había mantenido en contacto él por muchos años, pero confieso que no habíamos programado encontrarnos en Miami. Fue pura casualidad. Era una calurosa tarde de verano y decidimos ir a la Lincoln Road a tomar unas cervezas y disfrutar de un buen almuerzo, aprovechando que su esposa e hijas estaban de compras en el Dolphin Mall.

Martin me dio las gracias por liberarlo de tortuosas horas en un centro comercial de Miami caminando como un zombi detrás de su esposa e hijas. Una vez conseguimos una buena mesa, Martin me contó sobre su familia (esposa y tres maravillosas hijas), su carrera, su casa, sus negocios, sus vacaciones y hasta sobre sus mascotas. Fue una tarde maravillosa recordando viejos tiempos y poniéndonos al tanto de lo que estábamos haciendo con nuestras vidas. Al final de la tarde le comenté a mi amigo Martin que estaba registrando conversaciones, por supuesto bajo el conocimiento y consentimiento de las personas con quienes conversaba, con el objetivo de escribir este libro. Martin me dijo que debería terminarlo rápido porque a la gran mayoría de los hombres les entra la urgencia por tener hijos después de los 40 y tal vez yo sentiría esa urgencia inclusive antes de terminar el libro. Afortunadamente no me llegó dicha urgencia.

Luego de algunos cuestionamientos de Martin sobre las razones por las cuales quería escribir un libro de este tipo, me dijo que tenía una confesión por hacerme. ¡Ten en cuenta que hay varios testimonios similares en este libro, además de los que no quedaron registrados!

—Tengo que ser honesto contigo Omar. Si tuviera la oportunidad de vivir una vez más, no tendría hijos. No es que no ame a mis hijas, son lo mejor de mi vida, pero dejé de vivir mi propia vida para vivir la de ellas. No tengo nada que me apasione fuera de mi propia familia.

—¿Qué pasó con los comics? Le hice la pregunta porque Martin tenía un gran talento para dibujar. Hasta hacía historietas completas de superhéroes y recuerdo que yo disfrutaba mucho leyéndolas.

—¡Qué sorpresa que te acuerdes de eso! Nadie nunca más me preguntó por mis comics.

—¿Cómo no recordarlos? Siempre me encantaron tus comics. Recuerdo que regularmente te invitaba a gaseosa y pastelitos de guayaba con queso para que me dejaras leer tus comics.

—Qué alegría me da que lo recuerdes, —clamaba Martin con su cara iluminada de la felicidad. —Te cuento que luego de tener nuestra primera hija nos mudamos a un departamento de tres cuartos. Mi objetivo era dejar un cuarto para nuestra hija y el otro cuarto sería mi estudio para hacer comics. No me importaba pagar más por un apartamento más grande mientras me permitiera disfrutar de mi pasión. Luego vino la segunda y luego la tercera hija y ahora no tengo dinero para pagar un departamento más grande. Me toca esperar hasta que crezcan y quede un cuarto desocupado para usar como estudio—.

—¿Por qué necesitas un estudio para hacer comics?

—Para poder estar en silencio y concentrarme.

—Eso lo puedes hacer en tu propia cama. Yo escribo mis libros principalmente en aviones, pero también escribo algunas veces en mi cama. Llegué a un acuerdo con mi esposa porque amo escribir en la cama. Simplemente le asigné un horario para escribir, de manera que no interrumpa nuestro descanso y todo lo demás.

Martin se sonrió con mi explicación y mi sugerencia y me dijo: —lo voy a intentar. Pero recuerda que, a diferencia mía, tienes la suerte de tener todo el tiempo que quieras para tus pasiones—.

Unos meses más tarde Martin me contó que su esposa no había aceptado que hiciera las historietas en la cama. Me sentí un poco culpable por haberlo incitado a hacer esta propuesta a su esposa, pero, qué más da. Era lo menos que podía hacer por un amigo que me había confesado que, de tener otra oportunidad de vivir, no habría tenido hijos para poderse dedicar a vivir su propia vida, a dedicarse a su verdadera pasión.

Muchos pensarán que Martin simplemente estaba dando excusas por no haber tenido las agallas de dedicarle tiempo a los comics. Tal vez sea cierto, creo que los obstáculos existen más en nuestros cerebros que en el mundo real. Sea cual haya sido la situación de Martín, él es solo una de las muchas personas que he escuchado fantasear sobre una vida sin hijos.

¿Será que existe un número importante de personas que no son honestas consigo mismas cuando se trata de decidir entre la pasión verdadera y los hijos? Obviamente cuando los hijos no son la pasión verdadera.

No.22 ¿Quién te va a cuidar cuando estés Viejo? ¿No te da miedo morir solo?

Si esto fuera cierto, ¿por qué entonces hay tantos viejos abandonados en hogares para ancianos? ¿Será que todos ellos son abuelitos sin hijos? ¡Obviamente no!

Llegar a viejos es inevitable y no lo vas a evitar ni lo vas a retrasar por crear otros seres humanos. No solo la idea es tonta, sino que es extremadamente egoísta. Pensémoslo por un momento: ¿qué tipo de persona tienes que ser para decidir traer un ser humano al mundo para usarlo como garantía de que no estarás solo cuando llegues a viejo?

No importa que tan buen padre o madre seas, no importa que tan bien hayas educado a tus hijos, no importa si viven en el mismo país, la misma ciudad o hasta el mismo vecindario. Nada, absolutamente nada garantizará que los hijos te acompañen durante los últimos años de tu vida.

Ahora mirémoslo desde otro punto de vista. Imaginémonos que tus hijos están totalmente empeñados en acompañarte durante tu vejez. Eres el anciano con más suerte en el mundo porque tus hijos están a tu lado cuidándote. ¿En serio? ¿Trajiste hijos al mundo para que te cuiden o sería mejor que ellos disfrutaran de sus propias vidas durante el poco tiempo que tendrían en este mundo?

¿Qué puede hacer a un padre y una madre más felices que la felicidad de sus propios hijos? ¿Qué mejor para los padres que sus hijos saquen adelante sus propias vidas, sus carreras, que conozcan el mundo, que tengan sus propias pasiones? Los hijos no vienen al mundo para cuidar a sus padres, los hijos vienen para honrar a sus padres a través de una existencia plena y ética.

Un gran amigo de Puerto Rico, Roy, solía decir, —mis hijos no son mis hijos, son los hijos del mundo, son del cosmos. Ellos decidieron venir al mundo a través de mí, pero eso no los convierte en míos—. De esto no hay ningún sustento científico, pero al menos es mucho menos egoísta y más realista lo que decía Roy que lo que esperan aquellos que creen haber criado cuidanderos para su vejez.

Creo que, si más personas pensaran como Roy, más rápidamente nos convertiríamos en una familia planetaria, en una verdadera humanidad que se percibe a sí misma como parte del cosmos y no como un grupo social subdividido por pequeñas células, cada una tratando de obtener todo lo que puedan del planeta en beneficio de su pequeño grupo.

Durante una cena en la casa de un buen amigo en Barcelona, España, mi amigo le estaba explicando a sus pequeños tres hijos que algún día él también sería viejito como el abuelito y que no podría cuidarlos tanto como lo hacía en ese momento.

Mi amigo estaba intentando pasar el mensaje a sus hijos, para que aprovecharan al máximo todo el tiempo posible bajos los cuidados de su padre, mientras estuviera joven, con energías, ya que luego serían ellos quienes tendrían que cuidar a su padre cuando estuviera viejo. El clímax de la conversación llegó cuando mi amigo preguntó a sus hijos:

—¿Quién de ustedes será mi bastón cuando esté viejito? —¡Yo no! —gritó el hijo mayor, de solo 8 años.

La sonrisa de mi amigo no era lo suficientemente sincera como para esconder la tristeza que sintió en ese momento.

Ser un gran padre o ser una gran madre, no es absoluta garantía de que tendrás a tus hijos a tu lado, a menos que tengas una gran herencia para repartir y no estén seguros de quién se quedará con la empresa o con el Ferrari.

Entonces volvamos a la pregunta ¿Quién te va a cuidar cuando estés viejo? ¡Pues a quien le pagues o quien se sienta a gusto con tu compañía! Asegúrate de ahorrar para el retiro, cultiva amistades que duren toda la vida y haz un hobby que mantenga tu cerebro, tus huesos y lo que quede de tus músculos, en actividad. Lo más probable es que sean profesionales especializados o tus amigos verdaderos quienes cuiden de ti y estén más dispuestos a escuchar tus historias. Más que preocuparte por quien te va a cuidar, cuida de ti mismo y de todos aquellos a tu alrededor. No seas egoísta.

Cabe anotar que aun si tus hijos estuvieran dispuestos a cuidarte, existe la posibilidad de que se mueran primero que tú o que sean unos buenos para nada y no quieras tenerlos a tu lado durante los últimos años de tu vida. Créeme, eso sucede más a menudo de lo que pensamos.

No.23 ¿Cómo puedes vivir la vida sin formar una familia? ¿Quién va a llevar tu apellido? ¿Quién va a llevar tu sangre, tus genes?

En este punto vamos a tratar tres preguntas juntas porque en la gran mayoría de los casos son disparadas en ráfaga, como si fueran más un gesto inquisidor que preguntas con un trasfondo real de curiosidad.

La vida no se trata de preguntarse constantemente y hacer todo un drama con respecto a las decisiones que vayas a tomar, si voy o no voy, si subo o si bajo, si salgo o me quedo en cama, si estudio inglés o alemán; más bien se trata de vivirla lo mejor que puedas con las decisiones que tomes. ¿Cómo vas a saber si puedes vivir una vida sin familia? ¿Será que quienes no tenemos hijos tenemos cara de cadáveres y parece que no estuviéramos viviendo una buena vida?

Estoy viviendo mi maravillosa vida sin hijos. Ha sido la mejor decisión de toda mi vida. ¿Qué más puedes responder? Tal vez podrías añadir... El hecho que estés feliz con tu propia vida con hijos no quiere decir que sea la única manera de vivir bien la vida.

Esta pregunta es el equivalente de que una persona viviendo una maravillosa vida sin hijos les preguntara a personas con hijos ¿Cómo puedes vivir la vida gastándote tus mejores años criando hijos? Nunca, en toda mi vida, he escuchado a nadie hacer esta pregunta.

Otro aspecto inherente de esta pregunta es que asume que tus amigos, tu pareja, tus padres, tus tíos, tus sobrinos, etc. no son suficientes para darte esa parte de la felicidad que atribuimos a otros seres humanos. Es muy difícil para una persona cuyos hijos son la máxima felicidad, que entienda a personas que nos los quieren tener.

Pero el entretenimiento no termina aquí, ya que automáticamente, cuando entienden que puedes vivir una vida sin hijos, recurren a la siguiente pregunta inquisitiva… ¿quién va a llevar tu apellido? Seguida de una un poco más trascendental, ¿quién va a llevar tu sangre?... A veces cambian la palabra "sangre" por "genes", para que suene un poco más "científica".

¿Realmente hemos evolucionado tan poco los seres humanos que nuestro legado a la humanidad es nuestro apellido? ¡Haberse visto semejante mezquindad! Mientras el planeta se tardó millones de años para ser habitable para nosotros y otros tantos millones de años para que nuestro cerebro nos permitiera estar en la cima de la cadena alimentaria, nosotros queremos devolver el favor heredando al mundo una serie de sonidos que emitimos a través de nuestras bocas para identificar a nuestro grupo social más cercano, nuestra familia. Excelente herencia, un apellido a cambio de miles, o tal vez millones de años de evolución.

Pensemos por un momento en lo siguiente, mientras genios de la talla de Isaac Newton, Marie Curie, Albert Einstein, Konrad Adenauer, Bejamin Franklin, Cristóbal Colón, Marcus Aurelius, Galileo Galilei, Platón, Juana de

Arco, Leonardo Da Vinci, Voltaire, Shakespeare, Abraham Lincoln, Nelson Mandela, Sócrates, Charles Darwin, Nicholas Tesla, Vera Rubin, Elon Musk (más todos los que te están pasando por la cabeza en estos momentos y que yo no he mencionado) dejaron su maravilloso legado para la evolución de la humanidad, nosotros ¿queremos dejarle nuestro apellido? ¿Acaso llevar el apellido Einstein puede liberar a un inútil de ser un inútil?

Pero no nos desanimemos. No todos estamos al nivel de estos personajes (yo ciertamente no lo estoy), los cuales representan la cúspide de los logros de la raza humana, sin embargo, podemos dejar legados de extrema importancia tales como sembrar árboles, pagar nuestros impuestos, ser excelentes con todas las personas que nos encontremos en la vida, dejar impreso en la memoria de los menores el amor por la búsqueda del conocimiento y que no basen sus vidas en tantas supersticiones. ¿Acaso no es eso un buen legado para un niño y es muchísimo mejor que un grupo de letras que siguen al nombre?

Le damos una importancia extrema a nuestros propios nombres y apellidos. En serio, no somos tan importantes. Incluso si tu familia es una de las más prestantes e influyentes en el mundo entero o si tienes un familiar que ha hecho un gran descubrimiento para el bien de la humanidad, o inclusive si tú mismo has sido quien hiciste ese gran descubrimiento... pues tu apellido sigue sin importancia. Lo que importan son las acciones y el impacto de dichas acciones en la evolución de la especie humana.

Ese truco de nuestro cerebro de darle importancia a los rótulos más que a las acciones, es lo que ha hecho posible que las personas se fijen más en las figuras que en los mensajes de dichas figuras. ¿Te suena familiar? ¿Por qué crees que hay tantas religiones, creencias, santos, enviados del mismísimo creador de universo, pero que después de miles de años no han resuelto nada? Pues por nuestra obsesión por la persona y los rótulos, no por las obras y sus impactos.

Irónicamente, nuestros nombres y apellidos cada vez van a servir menos a medida que nos volvamos una raza más tecnológica. ¿Te has dado cuenta cómo después de escanear el pasaporte durante el ingreso a otro país te toman las huellas dactilares, pero no preguntan tu nombre? Es muy fácil predecir que pronto no tendremos que llevar documentos en nuestros bolsillos, serán nuestras retinas, nuestras huellas dactilares o un software de reconocimiento facial quien nos abra la puerta... no nuestro apellido. Es más, lo de las huellas, las retinas y el reconocimiento facial ya está sucediendo en nuestro tiempo y pronto estará masificado a tal punto que pronto nos parecerá inusual entrar a algún lugar donde tengamos que interactuar con un ser humano.

Algo que me llama la atención sobre los apellidos es que algunas culturas ponen primero el de la madre mientras otras optan por el padre. ¿Cuál debería ir primero? ¿Será que si el primer apellido es el del padre es porque la madre es menos importante? Qué absoluta tontería.

Una vez se dan por vencidos y entienden que le das importancia a los legados y no los apellidos, entonces la inquisición continúa con "los genes". El punto suena válido, ya que el argumento "entendemos que no te importen los apellidos, pero ¿qué pasa con los genes? ¿Te vas a ir de este mundo sin asegurar la supervivencia de tus genes?"

Sigo pensando que sembrar árboles es más importante, así de simple. ¿Los descendientes de Adolf Hitler escogerán carreras militares? ¿Estaba Adolf Hitler predeterminado por sus genes? ¿Los descendientes de Elon Musk serán genios de la tecnología? ¿Estaba Elon Musk predeterminado por sus genes? Entiendo que hay una influencia fuerte de los genes en el comportamiento de un ser humano y en las decisiones que toma, sin embargo, una educación adecuada puede hacer que alguien con genes no diseñados para el emprendimiento, desarrolle una empresa exitosa que genere bienestar a muchos. Nada puede vencer a la disciplina, ni siquiera el talento ni los genes.

La genética es un tema súper complejo y no me atrevo a opinar más allá de mi propia experiencia con respecto a lo que he visto en el transcurso de mi vida y a las cosas que he leído de fuentes serias, pero para expresarlo de la manera más simple posible, en una respuesta corta, a alguien que quiera saber si vas a pasar tus genes es: "prefiero pasar mis buenas acciones y mi conocimiento".

Tener un hijo no genera una copia exacta de ti mismo ni te inmortaliza, simplemente le pasarás una parte de tus genes, tanto los buenos como los malos. Somos una conciencia colectiva, de manera que optar por no tener hijos es una reacción sensata de dicha conciencia colectiva para balancear el planeta. Esto es definitivamente mucho más importante que "pasar tus genes".

No.24 Pero entonces ¿para qué fuimos creados por dios?

¿De cuál de todos los dioses estás hablando? Digo esto porque hoy en día hay tantas creencias que dicen tener las respuestas espirituales correctas que este tema se vuelve cada vez más complejo. Inclusive todos los monoteístas dicen estar hablando del mismo dios, pero difieren en cuanto al mensajero, de manera que las cosas se tornan un poco confusas, ya que los mensajeros cambian un poco el mensaje dependiendo de la cultura del grupo social que lo profese.

Para no meternos en temas muy escabrosos, asumamos que realmente todos se refieren a un mismo dios con diferentes mensajeros y que es este dios quien necesita una razón concreta para nuestra creación.

Tomando entonces en cuenta lo que hemos asumido con respecto a dios, algunos creen que vinimos a este mundo a cumplir con una especie de etapa de evolución espiritual, otros piensan que venimos a pagar nuestros errores de vidas pasadas, también existe la idea que vinimos a pagar los pecados de nuestros padres, abuelos, bisabuelos, tatarabuelos, etc. Mejor dicho, si las generaciones de tu familia se portaron mal, la cuenta te la cobran a ti. Otros piensan que debemos multiplicarnos como ratas para tener suficiente gente como para convencer a todos los demás por la fuerza, todo esto sin mencionar los innumerables caprichos de cuanto mesías y pastor hay. Mejor dicho, ¿a qué vinimos a este mundo? ¡Nadie sabe!

¿Qué tal que seamos una simple ramificación de la evolución de lo que llamamos vida y que la consciencia sea simplemente una estrategia de supervivencia de la biología? Estos son temas muy complejos a mi parecer, de manera que si te preguntan ¿para qué fuimos creados por dios? la respuesta más sensata es "no tengo la más remota idea". Lo que sí es cierto es que estoy muy agradecido con esta oportunidad de existir y la voy a disfrutar al máximo dejando el mejor legado que pueda. Insisto que sembrar árboles y ser excelentes el uno con el otro son grandes legados. ¿Tal vez a eso fue a lo que vinimos?

Imaginémonos por un momento que nuestro propósito fuera tener hijos. De ser así, entonces tendría mucho más sentido copular con todas las personas posibles para asegurar la fecundación lo más rápido posible y no tener una sola pareja. Ahora asumamos que el propósito es tener hijos, pero con una sola pareja. ¿Cuándo entonces sería la fecha de detenernos? ¿Tendría que llegar otro enviado más desde los cielos para informarnos que ya debemos detenernos? ¿o tal vez es en ese momento cuando le exigimos a nuestros científicos más eminentes, quienes son a propósito los menos religiosos de todos, que nos vayan preparando otro planeta en nombre de nuestro dios para llenarlo de gente lo más rápido posible? Claro que esto no garantizaría que las personas en el nuevo planeta vayan a seguir las leyes divinas, de manera que el dios de turno tendría que tomarse el trabajo de enviar un nuevo mesías al nuevo planeta para asegurarse que las leyes queden bien claras. ¿Cuál será nuestro propósito una vez llenemos el cosmos de gente?

Biológicamente, si nuestro único propósito fuera simplemente reproducirnos, entonces el planeta tendría que ser el mediador y enviarnos una catástrofe tipo diluvio para reducir la población cuando el planeta se haya dado cuenta que hemos llegado demasiado lejos. Si esto fuera así, entonces ¿no sería mejor utilizar el cerebro para auto controlarnos y evitar semejante masacre?

¿Para qué vinimos? Para disfrutar del paisaje, viajar, nadar, cultivar, comer, enamorarnos, respetarnos, estudiar, descubrir, enseñar, ayudar a quien lo necesita, sembrar árboles, y, al final de cuentas, para pasar el conocimiento, evolucionar…

Los seres humanos tenemos la mejor herramienta que la evolución ha diseñado, el cerebro. Lo único que no somos capaces de lograr, es solo aquello que no podemos ver, porque el ego de nuestra autoproclamada divinidad lo bloquea.

No.25 Te preocupas mucho por el mundo, la naturaleza siempre encuentra el camino.

La naturaleza claro que va a encontrar el camino, siempre lo ha hecho, pero ten en cuenta que, si no cambiamos, nuestra "inteligencia superior" no le dejará otra alternativa a la naturaleza que no sea una catástrofe natural que reduzca sustancialmente nuestra población.

Los seres humanos hemos tenido tanto éxito multiplicándonos y burlando la muerte, que hemos creado el problema de nuestra propia "insostenibilidad".

Por todos lados hay anuncios sobre ahorrar agua, ser más eficientes con el uso de la luz, planchas, lavadoras, secadoras, sugerencias para usar menos el carro y más la bicicleta, instrucciones para reciclaje de basura, menor consumo de recipientes desechables, etc. Todo esto es fantástico y seguramente ya estás tomando acción con alguna o varias de estas sugerencias, lo cual sí ayuda, pero desafortunadamente no soluciona el problema, simplemente lo desacelera. Ninguno de los esfuerzos que estamos haciendo hace contrapeso al crecimiento de la población humana.

Caso contrario es que no existen campañas sólidas, serias, bien estructuradas, que sean apoyadas por gobiernos e instituciones globales para controlar los nacimientos. La culpa siempre se la van a echar a que el ser humano consume en exceso y, aun cuando sí es verdad que consumimos en exceso, no es la causa principal.

La razón primordial por la cual no nos hemos comprometido con una campaña global seria para controlar nuestro crecimiento exponencial, no es porque nos gustan mucho los niños y porque consideramos nuestro crecimiento sin control como algo útil para la evolución de la humanidad, sino porque nuestro sistema económico piramidal cada vez necesita de más seres humanos en la base para poder mantener satisfecho nuestro insaciable apetito por ver crecer nuestras empresas y para poder pagar las pensiones a las personas que se encuentran gozando de su bien merecido retiro después de muchos años de pagar impuestos.

Recuerda que todos esos impuestos que pagas durante el transcurso de tu vida, en teoría, son para que el gobierno de tu país funcione bien, para que te puedan mantener durante tu retiro y por supuesto para mantener a todos los demás que no trabajaron.

Supongamos que nos volvemos todos tan eficientes en el control del consumo, transporte, basuras, etc. que el planeta vuelve al punto de ser auto sostenible. Aún ante esa situación utópica, eventualmente vamos a reincidir en este mismo punto de quiebre ya que el planeta no se puede auto balancear eternamente hasta que nos toque vivir hombro—a—hombro en un hacinamiento terrorífico.

Desde donde lo miremos, tendremos que llegar, tarde o temprano, a enfrentar nuestra propia realidad de auto controlar nuestro propio crecimiento y no dejarle el trabajo al planeta de aniquilarnos para auto balancearse. Igual como nuestros cuerpos se defienden de bacterias y virus, el planeta se defenderá de nosotros, porque tenemos el comportamiento típico de los virus. Recordemos que un virus no se detiene hasta consumir en su totalidad a su huésped o hasta que el huésped lo mata.

Durante una tarde soleada en Las Vegas me tropecé con un amigo que se encontraba en una feria de tecnología. Compartimos un delicioso bufete durante la hora del almuerzo en el hotel Aria y hablamos por casi una hora de nuestras vidas. Mi amigo es una de las personas con más información guardada dentro de su cerebro que casi cualquier otro ser humano que yo haya conocido en mi vida, parece una enciclopedia con piernas.

Yo pensé que tanta información le había dado la inequívoca facultad del sentido común, sin embargo, no es así. Él está de acuerdo con que debemos dejar que sea la naturaleza la que "encuentre el camino" para lidiar con el problema de nuestra población. Durante nuestro almuerzo me contó sobre todas las opciones de fuentes de energía limpias que tendremos en el futuro, sobre nuestra capacidad de reciclar basuras, etc.

Mi amigo me dijo que estaríamos en la capacidad de poblar Marte mucho antes de que la población humana generara un problema real y que todo lo que escuchábamos sobre la súper población era simple propagandismo para los noticieros y programas de ciencia que no tenían nada más de que hablar. Cabe anotar que mi amigo tiene 9 hijos con 3 esposas, 3 hijos por esposa. Le pregunté si sabía cuántas personas éramos en el planeta y cuál sería la población esperada de humanos en los próximos 50 y 100 años. Ante mi asombro, la persona que siempre consideré una enciclopedia humana me dijo: —no tengo la más remota idea, solo sé que hay mucho espacio todavía sin seres humanos—. Creo que eso te da un poco más idea de lo perdido que está mi amigo con respecto a este tema. Tener mucha información en el cerebro no te da sentido común.

Usar la inteligencia para todo, menos para controlarnos a nosotros mismos creo que es una apuesta peligrosa, ya que el punto de quiebre nos golpeará en la cara tarde o temprano. Ya sea en marte, en una estación espacial o en cualquier otro planeta que encontremos para habitarlo en el futuro, parte del éxito de la humanidad en el largo plazo estará basado en nuestra capacidad para determinar el número ideal de humanos para cada situación. Igual que la ética y las normas de convivencia, la reproducción será un tema común en el futuro. Nosotros simplemente estamos en el inicio del despertar de la humanidad con respecto a su propio impacto en el universo. ¿Has notado que, en algunos restaurantes, piscinas, salones, ascensores, tienen un letrero indicando "capacidad máxima"? Estos letreros son necesarios porque los humanos hemos demostrado que no tenemos control con respecto al número de personas que metemos en un espacio cualquiera, a menos que éste sea delimitado por ley.

La naturaleza nos dio el cerebro, ese fue el camino que ella escogió para nosotros o que nosotros escogimos para nosotros mismos, en vez de desarrollar garras, alas, colmillos más grandes, etc. Usemos nuestro cerebro como debe ser, ya que las acciones a destiempo generalmente llevan consigo algún tipo de tragedia.

Existe una maravillosa vida sin hijos para ti y para nuestro planeta.

LOS ANIMALES

"Los insectos, roedores, perros y gatos que conviven
con los seres humanos son las únicas especies de animales
que han visto incrementado su hábitat. Dentro de unos 100
años, un gato doméstico tendrá más espacio que un león"

Karen – bióloga marina

Alguna vez te has preguntado, ¿dónde van a estar los animales cuando alcancemos una densidad poblacional en todo el mundo, equivalente a la que vemos en las grandes ciudades? ¿Dónde vamos a meter a todos los animales que no se hayan extinguido para entonces?

Entiendo que faltan muchos años para que esto suceda, pero para eso tenemos el cerebro, para planear bien las cosas antes que sucedan. Igual como acontece en los países más avanzados cuando construyen autopistas y líneas de metro, las cuales sobrepasan el número de usuarios al momento de construirlas. ¡Por supuesto! Porque la planeación es siempre mirando hacia el futuro, hacia el crecimiento de la población. En cambio, en los países menos desarrollados, se van abriendo vías a medida que el desorden obliga a la ejecución de nuevas obras, porque los carros y las personas ya no saben por dónde pasar. Una vez emparapetan las avenidas y tapan algunos huecos, los ingenieros se preguntan entre sí: "¿No habría sido mejor que los políticos a cargo del presupuesto nos hubieran asignado los recursos necesarios para construir un metro antes que esta carretera?, ahora es más difícil perforar para hacer un túnel debajo de la autopista".

Esto es un ejemplo de lo que sucede cuando no se planea y luego, toca esforzarse el doble para mejorar lo hecho o simplemente no hacer nada hasta que el problema nos explote en la cara. ¿Has visto el tráfico en Bogotá y la calidad del transporte público? Esto sucede cuando no hay planeación. Tal como les ha sucedido a las calles y al transporte público en Bogotá, es el futuro que le espera a los animales en este planeta, ya que su existencia no está siendo planificada, sino que vamos "tapando los huecos" a medida que aparecen. Ni siquiera las sociedades avanzadas, las cuales sí han planeado bien sus carreteras y transporte público, están planeando la natalidad. Esto quiere decir que los pobres animales, que han tenido la desgracia de estar por debajo de nosotros en la cadena alimenticia, tendrán cada vez menos espacio y menos recursos para seguir adelante con sus vidas. Las consecuencias de una superpoblación humana están tristemente llevando a todos nuestros animales en un paseo acelerado hacia la extinción. La extinción es un fenómeno natural y, de acuerdo con los científicos expertos, el planeta ya ha pasado por cinco grandes procesos de extinción en masa: Ordovícico-Silúrico, Devónico Carbonífero, Pérmico-Triásico, Triásico-Jurásico y Cretácico Terciario, siendo este último tristemente célebre por la desaparición de los dinosaurios. Pero entonces, ¿de qué nos preocupamos si los procesos de extinción masiva son naturales y nosotros no participamos de ninguno de los anteriores? La razón por la cual sí nos debemos preocupar es porque nosotros sí estamos siendo parte activa del siguiente proceso de extinción ya que estamos adelantando alarmantemente un proceso de sobrecalentamiento, desperdicios y hacinamiento que no debería estar ocurriendo en estos momentos. Los culpables en este momento no son los volcanes, ni meteoritos ni separaciones de los continentes, ni eventos climáticos o cualquier otra de las razones que hayan ocasionado las pasadas extinciones masivas en el planeta. Esta vez somos nosotros. Ahorrando agua o manejando bicicleta al trabajo no lo vamos a evitar. Sí, somos nosotros, el simio desnudo, quien está ocasionando todo este desastre predecible.

Hay muchos cálculos con bases científicas sólidas que sostienen que estamos perdiendo especies entre 1,000 y 10,000 veces más rápido de lo que debería estar sucediendo y que el 99% de todas las especies en peligro de extinción están siendo amenazadas por nosotros y no por ninguna de las demás razones propias del planeta o del universo. Las principales razones por las cuales nosotros tenemos amenazadas a las demás especies son:

1.   Pérdida del hábitat natural. Donde ahora jugamos golf antes había un bosque. ¿Recuerdas haber leído alguna noticia de un leopardo "asesino" matando personas en India? ¿Pues dónde demonios se van a meter esos pobres felinos con más de 1 billón de vecinos?

2. La introducción de especies exóticas. ¿Recuerdas el caso de las pitones reticuladas que aparecieron de repente en los Everglades de Florida? No llegaron nadando desde Asia, llegaron a través de algún necio que quiso tenerlas de mascota y se escaparon durante un huracán. Al menos esa es la teoría más aceptada.

3. Calentamiento global. No mi querido amigo, no son los carros, las fábricas o los aviones, ellos no se crearon solos. Somos nosotros, demasiados seres humanos necesitando demasiados carros, demasiadas fábricas y demasiados aviones. Realmente no hay nada, absolutamente nada que no sea malo en exceso. Hasta tomar agua en exceso es malo.

Como decía mi profesora de biología durante mi época en la escuela primaria: "algún día tendremos que comer lo que producimos en nuestros laboratorios, porque no tendremos espacio donde criar animales, ni donde sembrar". En ese entonces me hacía reír porque lo veía como un completo absurdo y pensaba que mi profesora estaba loca ya que eso no sucedería en "cientos de años". Era una mujer con un profundo entendimiento con respecto a los efectos de una superpoblación humana sobre la naturaleza. Los seres humanos tenemos una tendencia a creer que nada de esto ocurrirá jamás, tendemos a pensar que habrá algún gran descubrimiento que nos permitirá continuar con nuestro despreocupado comportamiento viral, autodestructivo. Nuestra percepción de nosotros mismos como algo especial nos hace creer que el mundo fue creado para nosotros y que no debemos preocuparnos por nuestra propia multiplicación. ¿Por qué nos vamos a preocupar si somos una criatura divina, la máxima creación de ser supremo? Somos seres divinos y es un privilegio para el planeta albergar cada vez más estos seres tan divinos... ¿cierto? Semejante disparate...

También tenemos la tendencia a pensar que alguien más resolverá todos los problemas de la humanidad, como si no fuéramos parte de ella o como si pensáramos que aportar un grano de arena no ayudaría en nada. Realmente todo, absolutamente todo lo que hagamos en beneficio del planeta, por pequeño que sea, será un gran aporte a todas las expresiones de vida y por ende a nosotros mismos, de manera que te invito a sembrar más árboles y a continuar disfrutando de tu maravillosa vida sin hijos.

Necesitamos mejorar, no en cantidad sino en calidad. Necesitamos ser realmente excelentes con nosotros mismos y con nuestros vecinos de planeta, los animales y las plantas. ¡De eso se trata la evolución!

LAS AMISTADES PERDIDAS

Pensar que una manera de vivir la vida es la correcta es muy diferente a pensar que es la única manera de vivir la vida correctamente.

Muchas personas no son leales a ti, sino que son leales a lo que necesitan de ti. Una vez desaparece la necesidad, desaparece la lealtad.

Eventualmente te darás cuenta que algunas personas pueden estar en tu corazón, pero no en tu vida.

No todas las personas que hacen parte de tu vida te pueden acompañar hasta el final del camino.

Durante el transcurso de mi vida, he procurado mantenerme cerca de personas que practican el buceo, apasionados por las motocicletas, viajeros empedernidos, algunos amigos de la infancia, otros tantos de la escuela, personas sin pensamientos religiosos radicales, amantes de la ciencia, amantes de la lectura, etc. De la misma manera, me he esforzado por alejarme de personas que siento no aportan nada bueno a mi vida o a los que yo no aporto nada bueno, especialmente extremistas religiosos, extremistas políticos y a los idiotas que les gusta pelear en los estadios.

Lamentablemente, muchas de las personas con las que más disfrutaba compartir tiempo de calidad, se fueron alejando poco a poco por el simple hecho de haberse reproducido. Yo pensaba sinceramente que la llegada de los hijos de algunos de mis amigos no nos iba a separar, sin embargo, una vez los hijos llegaron, inevitablemente todo cambió para muchos de ellos. Afortunadamente para mí, un pequeño grupo de mis amigos decidieron no dedicar el 100% de sus vidas a sus hijos y todavía tienen espacio para sus amigos sin hijos.

Para la gran mayoría de las personas, los hijos se convierten en el eje de sus vidas, lo cual tiene mucho sentido desde casi cualquier punto de vista, sea biológico, sentimental, social, etc.

Las parejas con hijos buscan inevitablemente acercarse a otras parejas con hijos, ya que no hay tema más importante para una pareja con hijos que los hijos. Una vez la conversación comienza, las parejas o las personas sin hijos se quedan rápidamente sin mucho que aportar. Es el momento perfecto para escabullirte de la reunión, antes que te pongan sobre las piernas un computador con un archivo gigantesco lleno de fotos de niños. Una vez eso sucede, ya es demasiado tarde para intentar escapar.

No importa que tanto te gusten el buceo, las motos, viajar, los paseos gastronómicos, las carreras de caballos, el paracaidismo, etc., nada de eso podrá competir contra un animado intercambio de opiniones entre parejas sobre los hijos… por supuesto, todo esto hasta el momento en el cual los hijos se van de casa a construir sus propias vidas. Ahí las conversaciones tienden a volverse un poco más críticas con respecto a lo ingratos que son los hijos. Solo hasta ese momento, quienes no tenemos hijos, volvemos a ser parte importante de las conversaciones porque nos comienzan a peguntar sobre los planes para el próximo fin de semana.

Algunos de aquellos amigos que perdí durante los primeros años de vida de sus hijos han ido regresando poco a poco. En la experiencia de mi vida puedo decir que, una vez los hijos entran a la universidad, aquellos amigos con los cuales no departías hace mucho tiempo vuelven a estar disponibles. Algunos padres inclusive buscan refugio en sus amigos a partir de la adolescencia de sus hijos, ya que muchos jóvenes prefieren pasar más tiempo con sus amigos o con su equipo electrónico del momento que con sus propios padres. ¿Naturaleza humana tal vez? Creo que sí.

Pregunté a muchas de las personas entrevistadas en el transcurso de la escritura de este libro sobre su experiencia con aquellas amistades perdidas y recuperadas y pude notar que muchos de los casos eran una copia exacta de mis propias experiencias. Las personas con hijos vuelven a frecuentar a sus amigos de infancia ya sea a partir de la adolescencia o una vez los hijos entran a la universidad. Para algunas personas con hijos esto nunca sucede porque tienen varios hijos con tanta diferencia de edades que para el momento que alguno abandona el hogar para formar su propia vida, hay otro al que apenas le están cambiando los pañales. Ni hablar de las personas que se casan por segunda vez y comienzan todo de nuevo.

Uno de mis amigos de la universidad, Xavier, me contó una historia muy interesante (recién habíamos salido de clases del último semestre de la universidad y estábamos a más o menos a unos seis meses de recibir el grado). Su mejor amigo, Bernardo, consiguió un gran empleo en una multinacional en otra ciudad, pero mantuvieron un contacto muy cercano. Unos años más tarde, se presentó una vacante en la multinacional donde trabajaba Bernardo, quien logró que consideraran a Xavier para el proceso de entrevistas. Unos meses después, los dos amigos, Bernardo y Xavier, se encontraban trabajando en la misma empresa, ganando muy buenos sueldos y ahora compartiendo muchas más experiencias juntos.

Ellos se casaron con solamente un año de diferencia entre los dos matrimonios y las parejas comenzaron a compartir mucho tiempo juntas. La amistad desde la adolescencia de Bernardo y Xavier había sobrevivido a la universidad, el trabajo y el matrimonio. Sin lugar a duda había momentos en los cuales tenían que hacer planes separados, pero se mantenían muy sólidos en su amistad y todo se volvió mucho mejor porque sus respectivas esposas se hicieron buenas amigas.

Todo, absolutamente todo cambió cuando Bernardo tuvo su primer hijo. Xavier me comentaba que es como si su amigo Bernardo se hubiera convertido en una persona absolutamente desconocida para él. No era que tuviera menos tiempo, comentaba Xavier, era que no tenía absolutamente nada de tiempo disponible, hasta su sentido del humor había cambiado. Hicieron muchos intentos para continuar haciendo planes juntos pero los paseos en moto pronto tuvieron que ser suspendidos, las cenas eran un caos, pasando toda clase de objetos por encima de la mesa para calmar el bebé y ni mencionar las salidas de fiesta. Estas quedaron totalmente eliminadas de la agenda de Bernardo.

Un abismo se había creado rápidamente entre los dos amigos. Bernardo se había convertido en un padre sobreprotector y su esposa era como un robot con un listado de pendientes para el bebé. El horario de los teteros, la temperatura del cuarto, los ruidos, los chupos, el gel anti-bacterial, los constantes acercamientos de la nariz al pañal del bebé para constatar si había hecho pipí o si había que salir corriendo a cambiarlo para evitar que la gracia del bebé inundara con su flagrante aroma todo el lugar. Cualquier persona con dos dedos de frente entiende que un bebé libera su pequeño cuerpecito del acoso de las necesidades fisiológicas donde sea y cuando le toque, pero no parecía ser así para Bernardo, quien se había convertido en esclavo de revisar y cambiar pañales ante la más mínima señal.

La superioridad de la dinámica de la vida alrededor de un bebé, para muchos padres, opaca todo lo demás, absolutamente todo lo demás. La vida de Bernardo y Fernanda había sido usurpada por un ser, cuyas necesidades parecían no tener límite. Era como si aquella pequeña criatura, de otro planeta, ejerciera un control mental sobre sus pobres padres, sin dejarles la más mínima opción de actuar por sí mismos. Eran los mismos cuerpos, pero con cerebros poseídos. Bernardo y Fernanda tenían un objetivo muy claro, la comodidad del extraterrestre, mientras Xavier y Andrea aún luchaban por encontrar el siguiente plan para disfrutar en pareja, o un plan que les permitiera desarrollar su propia identidad, o simplemente no tener ningún plan en lo absoluto y dormir un poco más ese fin de semana. No había mucho que pudiera mantener a ese grupo de amigos juntos. Solo quedaba por esperar a que los hijos se volvieran adolescentes y tal vez en ese entonces el control mental dejaría nuevamente en libertad a Bernardo y Fernanda.

Hacer nuevos amigos no significa perder a los viejos. Sugiero siempre estar abierto a la opción de conocer gente nueva y crear amistades sólidas cuando sea posible. Tus viejos amigos, los que están sometidos al control mental de sus pequeñas réplicas, regresarán de su estado de hipnosis, es la ley de la vida, sus hijos crearán un mundo en el cual sus padres tienen cada vez menos importancia y los amigos siempre estaremos ahí para recibirlos nuevamente.

EL MATRIMONIO

"El matrimonio es el triunfo de la imaginación
sobre la inteligencia"

Oscar Wilde

"El matrimonio perfecto es el resultado de dos
personas imperfectas que se reúsan a rendirse"

Rudolf, diseñador de muebles

Muchas veces escuché, desde cuando era un niño, que el propósito de un matrimonio eran los hijos. Los novios eran novios para conocerse y disfrutar juntos como pareja, hasta que llegaban a la conclusión que podrían pasar el resto de la vida juntos. Una vez llegaban a un acuerdo a ese respecto, entonces se hacían todos los arreglos para el matrimonio, y "voila" ... la feliz pareja de novios era ahora la feliz pareja de esposos.

A partir de ese momento todo cambiaba porque el tema de los hijos llegaba bastante rápido. De repente, la feliz pareja de esposos se daba de cara contra una pared sólida, porque la vida que tenían antes había cambiado diametralmente por el afán de cumplir con el objetivo social del matrimonio, los hijos. Ya no son dos, ahora son tres, o cuatro, todos y cada uno de ellos con necesidades totalmente diferentes y la pareja ahora tendría mayores demandas económicas. Las parejas literalmente se embarcaban en el proceso reproductivo una vez llegaba el feliz día de la consumación del matrimonio. Hoy en día, afortunadamente no es así, especialmente en las clases más educadas. Las parejas se dedican ahora mucho más tiempo, tanto para disfrutar un poco más la vida en pareja mientras tienen juventud y así tener absoluta certeza si son lo suficientemente estables y maduros como para seguir la senda de la reproducción. Lamentablemente esta etapa de conocerse mejor como pareja tampoco garantiza la felicidad una vez llegan los hijos. Todavía no tenemos un software que pueda predecir si una pareja será feliz con la llegada de los hizo.

Hay muchos estudios sobre el verdadero impacto de los hijos en la felicidad de una pareja. Si encuentras algún estudio serio que demuestre que las parejas son más felices con la llegada de los hijos, por favor envíamelo. Al final de este libro está mi dirección de correo electrónico.

Según Doug, mi amigo psiquiatra de Houston, el nivel de felicidad y satisfacción de una pareja con la llegada de los hijos es realmente pequeño, generalmente con los mejores momentos mientras son bebés y luego pasa a neutro y de ahí cae en picada hasta convertirse en negativo.

En varias oportunidades te he comentado sobre la importancia de ser brutalmente honesto con tu pareja con respecto a los hijos si la relación va en serio. Insisto nuevamente en que es un punto vital e inaplazable para traerlo a la conversación si te quieres comprometer a una vida en pareja. Recuerda que es extremadamente complejo decirle a tu pareja, una vez están casados, que no tienes ninguna intención de tener hijos. Dejar este tema en claro desde el principio te va a evitar muchos problemas en el futuro. Una pareja con una diferencia de opiniones sobre tener o tener hijos, termina dejando una de las dos partes con el corazón roto.

Si por el contrario tomas en algún momento la decisión de tener hijos entonces disfruta de tu familia al máximo antes que llegue el nuevo integrante. Sí, una pareja es una familia. La calidad de vida de pareja que se tiene antes de los hijos decrece a un ritmo alarmante con los hijos, no es un chiste ni es sarcasmo, todo aquello que los hizo fuertes como pareja, queda relegado a la necesidad de hacerse fuertes como padres. Todo ese tiempo que tenían para ustedes dos y todas esas conversaciones sobre ustedes o sobre el universo, quedan reducidas a unos pocos minutos una vez los hijos están profundamente dormidos y asumiendo que no se levanten de improviso. Claro está, si es que el sueño no los vence a ustedes dos antes de siquiera comenzar la conversación... o las caricias.

Amanda me comentó que cuando llegó a los 30 años comenzó a preocuparse porque tendría que tomar una decisión de vida... ¿voy a tener hijos o no? Su esposo, Mariano, un aventurero empedernido, no tenía la más mínima intención de tener hijos, sin embargo, había cometido el grave disparate de no dejar este tema en claro antes de casarse.

Mariano decidió lanzarse al vacío y aceptar las sugerencias de Amanda que deberían tener un hijo ya que dentro de poco tiempo sería demasiado tarde para ella. Amanda insistía que después de los 30 años sería muy peligroso engendrar, ya que había algunos casos de problemas en su familia cuando las mujeres tenían hijos después de los 30 años. Nunca pude constatar esta información, pero tomo la palabra de Amanda como 100% cierta y también dice haber entendido perfectamente bien lo que le explicó el pediatra de su familia.

El nacimiento fue exitoso y la pareja estuvo muy feliz por un par de meses hasta cuando Mariano sintió aquello que lo había inspirado durante toda su vida; un terrible impulso por viajar y hacer cosas nuevas, vivir aventuras.

La personalidad de Amanda, por el contrario, había cambiado por completo. Se volvió muy temerosa de cualquier cosa, hasta de contraer una gripe. ¿Tal vez sea algo normal entre las madres primerizas?

Amanda le sugirió a Mariano que emprendiera el siguiente viaje solo, ante lo cual Mariano se negó rotundamente. Los dos decidieron esperar hasta que el bebé tuviera un año, pero al cumplir el primer año, Amanda decidió que el bebé era todavía muy pequeño para viajar en avión por el riesgo de que el bebé contrajera alguna enfermedad que pudiera ser adquirida por causa del viaje.

La decisión era obvia para Mariano, buscar un lugar donde ir por carretera y así poder estar con Amanda. Comenzó entonces una nueva etapa de viajes en auto. Aun cuando Amanda ya no estaba preocupada por todas las personas muy cerca de su bebé, había indudablemente perdido aquel instinto de aventura que tanto le gustaba a Mariano y que fue una de las principales razones por las cuales decidieron construir una vida juntos.

Una vez Mariano comenzó a hacer solo algunos viajes cortos, todo se fue cuesta abajo progresivamente. Dos personas que habían decidido unir sus vidas, lamentablemente olvidaron discutir el tema de los hijos con anterioridad y terminaron afectándose el uno al otro y claro está, a la criatura que habían invitado a este mundo.

La separación llegó cuando la criatura tenía solamente 3 años. ¿Ves que simple pudo haber sido? El tema debe ser seriamente discutido antes de dar el serísimo paso de unirse en matrimonio o inclusive de irse a vivir juntos, lo cual al final de caso es casi lo mismo.

EL DIVORCIO

"La relación perfecta requiere de una mujer ciega
y un hombre sordo"

Philippe, chef

"La gente interesante no necesariamente
se enamora de gente interesante"

Nancy, periodista

"El divorcio no es una tragedia, la verdadera tragedia
es permanecer en un mal matrimonio"

Marianne, ingeniero civil

Este es un tema que obligatoriamente debemos tocar ya que cada matrimonio hoy en día tiene estadísticamente más posibilidades de terminar en divorcio que llegando juntos al final de la vida. Es muy común escuchar a personas alrededor del mundo decir que más de la mitad de los matrimonios terminarán en divorcio. Eso es cierto en algunos países, en unos es más y en otros por supuesto menos. Tal vez hay sociedades más propensas que otras a divorciarse debido a su cultura, religión, nivel de educación, nivel de stress, y quien sabe a cuantas más razones.

Sea como sea, el hecho de tener una baja rata de divorcio, no quiere decir necesariamente que las parejas en dichas sociedades sean más felices. Ten presente que en muchas de esas sociedades las mujeres no tienen más alternativa que casarse y mantenerse toda la vida al lado del esposo para poder sobrevivir, así les toque quedarse casadas con un borracho, un golpeador o un abusador de cualquier índole. Esto no implica que las mujeres en dichas sociedades no se puedan valer por sí mismas, pero si indica que la sociedad en la que viven no las valora al mismo nivel que valora a los hombres.

A continuación, te dejo un link interesante sobre estadísticas de divorcio alrededor del mundo sustentadas por estadísticas serias:

https://divorcescience.org/

Por otro lado, hay muchas opiniones encontradas acerca del impacto de los hijos sobre la felicidad de una pareja o sobre las posibilidades de divorcio. En mi experiencia de vida, lo que he podido percibir es que los hijos no mejoraron la relación de casi ninguna de las parejas que conozco. De hecho, en toda mi vida he conocido a una sola pareja cuya relación es visiblemente mejor después de haber tenido hijos. ¡Mucho cuidado! Una cosa es "decir" que tus hijos han mejorado tu relación de pareja y otra cosa muy diferente es que "sea cierto".

No estoy implicando que la calidad de todas las relaciones haya decaído con la llegada de los hijos. Lo que quiero recalcar es que simplemente no he la visto que los hijos hayan traído ninguna mejora, con la excepción de la única pareja que ya te mencioné.

Según Doug, mi amigo psiquiatra en Houston, aun cuando la calidad de la relación de las parejas con hijos decae dos veces más rápido que aquella de las parejas sin hijos, irónicamente muchos estudios muestran que, una vez llegan los hijos, las posibilidades de separarse también decaen. Esto es un punto a favor de quienes prefieren mantenerse casados "cueste lo que cueste". Para algunas personas vale más ser infeliz al lado de alguien, probablemente también infeliz, que buscar la felicidad por sí mismos.

Es un mito mandado a recoger afirmar que los hijos son garantía de estabilidad para una relación de pareja, ya sea que estén casadas o no. Te invito a que hagas una revisión de las parejas con hijos que conoces y te respondas a ti mismo si hay una relación entre los hijos y la felicidad de una pareja.

Tal vez los padres sí piensen más cuidadosamente antes de tomar la decisión del divorcio cuando existen los hijos, especialmente si todavía dependen de sus padres. Tal vez la pareja tenga más opciones de permanecer más tiempo junta para evitar afectar a los hijos, sin embargo, permanecer juntos no es lo mismo que permanecer felices. La pareja decide permanecer junta para cumplir con los hijos a costa de la felicidad de ellos mismos. Qué mal negocio.

Cuando una persona que hace parte de una pareja toma la decisión de separarse es inmensamente más fácil y mucho mejor para las dos personas que se están separando, el hecho de no tener hijos.

Esto se torna evidente cuando te das cuenta que la decisión de volverse a ver alguna vez durante la vida, dependerá exclusivamente de la expareja y no de la necesidad de verse las caras mientras uno pasa a recoger a los niños para llevarlos al parque o a una cita médica y cuando se ven obligados a poner cara de buenos amigos, cuando llega el momento de conocer la nueva pareja de la ex o del ex. Es obvio que te tocará lidiar con tu expareja cuando pases por los niños para llevarlos al parque. ¿A cuántos conoces que están o que ya estuvieron en este momento tan aburridor en sus vidas?

En algunos casos, algunas personas salen muy bien libradas durante los divorcios con hijos cuando la contraparte tiene muy buenos ingresos y el juez dictamina una gran suma para la persona que queda encargada de la crianza. Conozco un par de casos, donde uno de los dos quedó con un importante ingreso mensual para vivir y criar a los hijos fruto de la relación que terminó en divorcio. Tuve la oportunidad de entrevistar a una pareja, en la cual el ex esposo, que había sido un completo vago durante el matrimonio, recibió una fuerte suma de dinero de su millonaria ex esposa, para que firmara los papeles de divorcio y le permitiera ver a sus hijos porque ella "era una trabajadora compulsiva que nunca había tenido tiempo para ellos". La frase suena bien y muchas personas podrían saltar a la conclusión de que ella se tiene más que merecido que el esposo se haya separado de ella por darle más tiempo a su trabajo que a la familia. Créeme, yo viví este caso de cerca y la razón por la cual esta mujer trabajaba tanto es porque el esposo se había convertido, según palabras de la ex esposa, en "un jarrón de adorno de mal gusto para la habitación".

Dejando un poco de lado el tema del dinero, es mucho mejor separarse sin hijos que con hijos, de esto no queda duda. Quedar atado a ver a tu ex de por vida no creo que sea muy buena idea.

Existe una maravillosa vida sin hijos esperando por ti y, si las cosas salen mal con tu pareja, todavía tienes la opción de un divorcio sin mayores problemas, más allá de repartirse el dinero, y con la garantía de no tener que volverse a ver.

EL TIEMPO

"Si no inviertes tiempo en crear la vida que quieres, al final de cuentas te verás obligado a invertir muchísimo tiempo lidiando con la vida que no quieres"

Steven, petrolero

"Aprende a apreciar lo que eres como individuo antes que el tiempo que haga apreciar lo que fuiste"

Lucelly, gerente restaurante

Absolutamente simple y contundente, al no tener hijos, vas a tener mucho, muchísimo más tiempo para disfrutar tu propia vida, ya sea con o sin pareja.

Nosotros no matamos el tiempo, como sugiere el refrán, sino que es el tiempo quien nos mata a todos, sin el más mínimo remordimiento, sin reparos ni pausas. Cada instante es un instante que no vuelve, nunca seremos más jóvenes que lo que somos en este instante. El tiempo va desgastando nuestros cuerpos hasta que nos despide de este mundo sin ceremonias ni aplausos. Todos sabemos esto, pero creo que muy pocos digerimos realmente la idea del tesoro que representa cada día, cada minuto, cada instante.

Aun cuando suena cruel la manera de operar de ese despiadado tiempo que nos envejece sin cesar, sigue siendo lo más importante que tenemos en la vida y para ti, que has decidido no tener hijos, hay mucho más de ese escurridizo recurso que queda disponible y que podrás disfrutar con más plenitud, sean cuales sean tus gustos e intereses en esta vida.

Muchos estudios a este respecto calculan un mínimo de 8 horas por día dedicados a los hijos hasta que tienen 18 años. Esto equivale a 121 días por año, es decir, una gigantesca tercera parte de tu vida. Al no tener hijos te ganas automáticamente una tercera parte del tiempo disponible para tu propia vida.

Piensa por un momento en todo ese tiempo que necesita un bebé; interminables noches en vela, doctores, cambios de pañales, alimentación, juegos, pataletas que no logras calmar incluso después de invertir horas en tratar de encontrarle una solución a las convulsiones de la criatura, etc. Además de todo esto, debes también invertir tiempo en la vida social de un bebé porque desde el primer año hay que hacerles fiestas. Interminables tardes hablando de bebés con tus amigos en vez de estar disfrutando de tu hobby favorito o no haciendo absolutamente nada. Así es, el no hacer nada es un lujo cada vez más difícil de tener en esta vida. Si no estás haciendo nada y eso te ocasiona stress, es porque no has sido honesto contigo mismo y no estás haciendo lo que te gusta.

Como lo describió mi querido amigo Alex y su esposa Lygia, quienes tienen dos hijos adolescentes:

Luego de finalmente haber sobrevivido la etapa del bebé, debes pasar las pruebas, no menos difíciles, del jardín infantil y la escuela primaria, antes de llegar a la etapa más bizarra de todas: la adolescencia.

Olvidé mencionar algo. Antes de siquiera pensar en el reto de la adolescencia, no olvides todos esos domingos que deberás invertir en llevarlos a todo tipo de cursos extras y clases de deportes, incluyendo todos los madrugones para alistar todo antes de salir. ¿No sería mejor levantarte a la hora que quieras y decidir qué hacer con tu día una vez hayas terminado un suculento desayuno?

Ahora sí retomemos el tema de la adolescencia. Una vez adolescentes, viene un pequeño golpe de buena suerte porque los adolescentes por lo general no quieren pasar mucho tiempo con sus padres. Esto te puede dar un poco de respiro para intentar recuperar parte de tu propia vida. Pero no te emociones mucho si crees que tendrás tiempo cuando son adolescentes porque vuelven las noches en vela, pero esta vez esperando a que lleguen a casa. Ahora cambias los pediatras por otro tipo de doctores y aumentan las reuniones en las escuelas y las vacaciones 100% dedicadas a entretenerlos, muchas veces recibiendo críticas de tus propios hijos en recompensa por tu esfuerzo y, además, piden dinero constantemente. Qué horror.

Es una cruda realidad, tu vida pasa inevitablemente a un segundo plano mientras construyes las vidas de tus hijos hasta que se van a la universidad y la casa queda finalmente libre para ti o para ti y tu pareja, o tu mascota, o tus amigos, en fin. Cabe anotar que, en este momento de la vida, muchos padres se han acostumbrado tanto a vivir para sus hijos que no saben qué hacer con sus propias vidas. Es cuando llega la horrible etapa de confundir la libertad con soledad.

Una vez se gradúan de la universidad, si tienes suerte, tus hijos encontrarán un buen trabajo o serán capaces de comenzar sus propios negocios. Esta sería la situación ideal porque te visitarían solamente de vez en cuando y para entonces, habrán dejado de ser una carga económica. Llegarían a visitarte sin que tengas que gastar en tiquetes de avión, tren, Uber, taxi, etc.

La otra cara de la moneda es cuando no consiguen empleo o sus respectivos negocios no despegan y ahora terminas con uno o varios adultos en casa succionando una vez más lo que has podido ahorrar durante toda tu vida laboral. He escuchado que algunos hijos son tan descarados que hasta critican la decoración de sus padres y el sabor de la comida, por la cual no están pagando, pero sí consumiendo, en vez de agradecer que les abrieron la puerta nuevamente. Y como todo lo malo se puede volver peor, hay algunos casos donde los hijos retornan a casa con un recién nacido entre manos y, para el remate, te toca ceder tu habitación para que la nueva familia, bajo tu propio techo, esté más cómoda. Felicitaciones, ahora eres abuelo y te toca mantener un par de personas más de lo que tenías presupuestado y durmiendo en la habitación de los huéspedes. De regreso a la crianza.

Lo que para muchos parece una maldición, el no tener ninguna obligación pendiente, es realmente una hermosa oportunidad que te da la vida para dedicarle tiempo a la persona más importante en tu vida "tú mismo".

Insisto, el hecho de no tener "nada que hacer" es una oportunidad maravillosa, tan maravillosa como ninguna otra. Esa persona que ves en el espejo todos los días está esperando por nuevos retos, nuevas aventuras. Dedícale TODO el tiempo que esté a tu alcance.

Cabe anotar que, para una inmensa minoría de padres, los hijos se vuelven muy exitosos y bondadosos y terminan proporcionándoles un maravilloso retiro a sus padres. ¡Cuidado! Estamos hablando de una inmensa minoría. No todos los niños logran ganar premios Nobel o jugar para equipos de fútbol en Europa.

LA SALUD

"La salud es el gran tesoro que no apreciamos hasta que se nos acaba"

Guillermo, pediatra

"Cuida de tu cuerpo, es el único lugar en este mundo donde tienes que vivir"

Natalia, conductora de Uber

"La salud no solamente se obtiene alimentándose y durmiendo bien, también requiere de una buena dosis de inversión de tiempo para ejercitarse"

Jorge, administrador tienda alimentos deportivos

La mayoría de personas tenemos la tendencia de afectar negativamente nuestra propia salud haciendo dinero, e irónicamente reinvertimos gran parte de ese mismo dinero en recuperar la salud que perdimos durante el proceso. Esta situación es todavía más relevante si tienes hijos, ya que obviamente necesitarás generar más ingresos.

No tener hijos, te da la gran oportunidad de hacer más ejercicio y mantenerte más vital durante el transcurso de toda tu vida. No me refiero a ir al gimnasio o al parque durante la madrugada o a altas horas de la noche porque tu horario de trabajo más el horario de tus hijos no te deja otra alternativa. Me refiero a un estilo de vida mucho más saludable, a mantener una rutina donde puedas ejercitarte con tranquilidad para disfrutar más de tu cuerpo y envejecer con más dignidad y siendo mucho más fuerte.

Otra ventaja para tener una mejor salud cuando no tienes hijos es que puedes invertir más de tu dinero en planes de salud de mejor calidad. Estos planes de salud privados son por lo general muy costosos, pero valen la pena, ya que los tiempos de espera para ser atendido se reducen dramáticamente y los mejores seguros médicos te tratan como a una celebridad en caso necesites servicios hospitalarios o cirugías complejas. Sin un buen seguro médico te puedes ir fácilmente a la quiebra en caso de requerir un tratamiento complejo.

El stress ha sido considerado como el origen de casi todos los problemas de salud de la sociedad moderna. Al estar liberados del stress de la crianza de los hijos, tus posibilidades de enfermarte se reducen en gran medida. Simple, no tener hijos equivale a menos stress y como consecuencia tendrás menos posibilidades de enfermarte.

Los hijos de tus hijos también se convierten en algún momento de la vida en fuentes de stress, ya que lo más probable es que tus propios hijos te regañen por tus alcahueterías con tus nietos o que te toque cuidarlos mientras tus hijos se dedican a sus propios asuntos, en vez de irte a dar un paseo al parque en bicicleta.

Recuerda lo que comentamos anteriormente que ser abuelo no es tan interesante como lo pintan en las películas, según me comentaron muchos de los entrevistados durante el proceso de escritura de este libro. Como lo dijo un gran amigo "terminas los últimos años de tu vida haciendo payasadas para entretener a una versión en miniatura de tus propios hijos, si es que se dignan ir de visita. En caso de que no tengas dinero durante tus últimos años en este mundo, probablemente ni siquiera te visiten". Para varios abuelos y abuelas con los cuales he hablado, el hecho que los hijos no los visiten se les ha convertido en una bendición, ya que les da la oportunidad de retomar sus propias vidas y disfrutar de largas caminatas en el parque, la montaña o la playa. ¿Tal vez entretener nietos no es tan romántico como lo pintan, cierto?

La carga emocional de los hijos tiene un costo muy alto en la salud de los padres. El simple hecho de usar protección durante las revolcadas te va a evitar muchas visitas al médico, las cuales puedes fácilmente cambiar por idas a tu gimnasio o, por qué no, a tu bar favorito. El bar no va a mejorar tu salud física, pero al liberarte del stress, tal vez te evite una que otra enfermedad.

Existe una maravillosa vida saludable una vez te despojas de la ardua y estresante tarea de procrear.

El SEXO

"Quienes ven el sexo como una exclusiva herramienta de procreación son por lo general machistas que tienen una amante con la que sí disfrutan del sexo recreativo, mientras la esposa disfruta con el vecino"

Felipe, empresario

Adivina qué... ¡vas a tener mucho más sexo y de mejor calidad si no tienes hijos!

Los hijos, tarde o temprano, terminan afectando tus aventuras en la cama o en la cocina o en la sala. Algunas veces el llamado de la naturaleza no tiene horarios y muchas veces ese llamado entrará en conflicto con alguna actividad destinada para tus hijos. ¿Sabes quién gana? Lo único garantizado es que la revolcada quedará aplazada hasta que las necesidades de los hijos queden satisfechas.

Para las parejas con hijos, las conversaciones durante cenas románticas o tardes de SPA, solo por mencionar dos situaciones típicas que favorecen una buena faena en pareja, casi siempre toman un giro inevitable hacia conversaciones sobre los hijos. Las parejas se esfuerzan en conversar sobre ellos mismos, sobre recuerdos de viajes anteriores, sobre planes para futuros negocios, las próximas vacaciones, un curso juntos de cocina, aprender francés juntos, cuando de repente, uno de los dos recuerda que le prometieron a la niñera que regresarían a casa a las 10PM. No hay tiempo para el postre, los niños nos esperan.

La idea de un final de velada con todo incluido es mucho menos probable para una pareja con hijos que para una pareja sin hijos, porque las mentes y los cuerpos pasan rápidamente a modo paternal con el más mínimo comentario con respecto a los hijos. Muchísimas noches con buenas perspectivas de un final con revolcada bajo las sábanas, pasarán rápidamente a ser noches con los chicos en la cama. Los temas de conversación de una pareja con hijos siempre tendrán presente el ingrediente de los hijos, absolutamente todo los demás pasa a segundo plano una vez este tema se pone sobre la mesa.

No solo hablamos de cenas románticas o tardes de SPA, ya que muchas de tus propias actividades tendrán que ser interrumpidas porque debes regresar temprano a casa o porque algo inesperado ha sucedido… pero, la peor de todas sigue siendo cuando escuchas el grito sórdido de la criatura, cuando finalmente has tenido un poco de tiempo para el sexo y estás en los instantes previos al orgasmo.

Muchas personas piensan que estas cosas no suceden y que son simples productos de la imaginación y que se popularizaron a través de las películas. No tengo información veraz sobre cuál es el porcentaje de parejas cuyas relaciones sexuales son afectadas por los gritos de sus hijos, pero de lo que sí tengo certeza es que, durante el transcurso de escritura de este libro, escuché un gran número de historias similares. Me atrevo a decir que un poco más del 50% de las parejas con hijos entrevistadas, me contaron, no solo una, sino varias historias relacionadas con sexo interrumpido por los hijos.

Una de las historias más graciosas fue la de una pareja de franceses, muy jóvenes los dos, menores de 30 años al momento de entrevistarlos. Para mi parecer eran la pareja típica de jóvenes que se tenían un inmenso deseo sexual y que lo habían mantenido intacto aún después del nacimiento de su hijo Christophe. El pequeño era un bebé muy demandante, pero con horarios para dormir y comer bastante estables. Es decir, sus padres prácticamente no necesitaban de reloj despertador durante la semana para ir al trabajo porque Christophe lanzaba su primer grito a las 06:00 am.

Lauren y Johann me contaron que tenían sexo al menos tres veces por semana, dos de las cuales eran interrumpidas por Christophe. Lauren me contaba que aun cubriéndose la cara con la almohada y suprimiendo al máximo sus expresiones de placer, el pequeño Christophe reaccionaba ante cualquier sugerencia de sonido de parte de sus padres. Es como si el pequeño entrometido estuviera en vela permanente, esperando alguna señal que le diera la excusa para matar la pasión, con su aullido que incrementa su intensidad sin límite superior aparente, hasta que ve las caras angustiadas y las cabelleras desajustadas de sus padres, justo sobre su enrojecida carita.

Johann me decía que Lauren se convierte en una estatua de piedra cuando Christophe grita y que continuar con el sexo estaba completamente fuera de cualquier posibilidad. Era una guerra perdida y ya se había acostumbrado a tener una sola noche de buen sexo con su esposa una sola vez por semana. El excedente de testosterona tenía que ser suprimido con largas horas frente al televisor.

Pero el drama no termina cuando crecen. Una vez la pareja con hijos ha superado la desgastante etapa de la infancia, deben, a partir de ese momento, lidiar con adolescentes y la preocupación ahora se vuelca hacia el sexo de los hijos. ¿Estarán haciendo algo en la sala? ¿Se habrá puesto condón el novio de mi hija? ¿Por qué se ríen tanto? ¿Por qué están tan callados? ¿Escuchaste eso amor? ¡Me pareció un gemido! ¿Esa descarada habrá perdido la virginidad en mis propias narices? ¿Por qué mi hijo se encierra con sus amigos, será gay?

Cuando la idea del sexo entra a la cabeza de los adolescentes, esos jóvenes cerebros se vuelven muy creativos para aprovechar cualquier descuido de los padres para ponerse manos a la obra. ¿Recuerdas todas las peripecias que probablemente hiciste para tener sexo cuando eras adolescente?

Y aquí vamos de nuevo, ahora la vida da otro de sus giros sarcásticos. De ahora en adelante tu sexo se verá interrumpido por las llegadas tardes de tus hijos después que ellos han tenido una noche fantástica… y probablemente tu no.

EL DINERO

"El dinero no te da la felicidad, pero ayuda bastante"

Ana María, abogada

"Hay muchas religiones que demonizan el dinero, pero al final del sermón te piden una ayudita"

Gustavo, albañil

"Dinero, maldito dinero, eres como un gran amante. No tenerte produce desesperación, tenerte produce un océano de placer"

Beatriz, cirujana plástica

No tener hijos te mueve inmediatamente un par de escalones hacia arriba en tu estatus económico, lo cual incrementa tu capacidad de invertir y disfrutar del dinero extra durante toda tu vida. La manera como lo inviertes y lo disfrutas cambia a medida que vas envejeciendo, sin embargo, estamos hablando de un período entre 18 y 25 años en los cuales tus ingresos serán 100% tuyos para decidir qué hacer.

Me refiero a un período entre 18 y 25 años, porque esos son aproximadamente los años en los que tienes que invertir en tu hijo, ya sea porque es muy eficiente y se independiza temprano (18 años) o tal vez hasta que salga de la universidad (25 años). Ten presente que, si te toca un vago, prepárate para unos 40 años, o más.

Piensa detenidamente en esto... Todo ese dinero que invertirías durante los próximos 18 a 25 años en un hijo, (más años con más hijos) queda a tu entera disposición para disfrutar de muchas maravillas en esta vida tan corta e inundada de seres humanos. Estamos hablando de un promedio de USD200 mil por hijo hasta los 18 años. Esta cifra cambia en gran medida por país, estatus económico, calidad de educación, etc.

Como me decía mi amigo Bruno, experto en finanzas que trabaja para una empresa de bolsa en Miami, "es muy difícil criar un hijo y darle educación universitaria de calidad competitiva hoy en día, sin haber gastado por lo menos USD200 mil en USA hasta que llega a los 22 años en promedio. En países donde la educación es menos costosa que en USA, la clase media gasta por lo menos USD100 mil hasta que los hijos terminan la universidad, sin embargo, esta cifra puede ascender fácilmente hasta los USD300 mil. De nuevo, todo depende que tan buena es la educación que quieras o puedas pagar por tus hijos".

Haz el siguiente ejercicio mental. Multiplica el valor mensual que gastarías en un hijo correspondiente a tu estatus económico y luego multiplícalo por 18 años como mínimo. Te sorprenderá la suma y te sorprenderá aún más saber que el resultado que obtuviste es la cifra mínima, ya que los imprevistos siempre existirán. Sea cual sea el número al cual llegues, la cantidad es lo suficientemente grande para regalarte una gratificante vida invirtiendo en ti mismo.

Hay un dicho popular que he escuchado en muchos países de Latino América que dice que "cada hijo viene con el pan debajo del bazo".

Lamentablemente alimentar un hijo no es suficiente para la sociedad moderna. Para nuestra era, el dicho tendría que ser algo así como: "cada hijo viene con todos los recursos necesarios para ser competitivo en el mundo moderno debajo del brazo". Es una realidad, debajo del brazo no viene toda esa montaña de dinero para la educación, servicios de salud, ropa, tecnología, solo por mencionar algunas cosas que olvidaron ponerles debajo del brazo a los bebés.

Alimentar un hijo se da por sentado. Si no lo puedes alimentar, la simple idea de traerlo al mundo se convierte en un absurdo. Por otro lado, si lo único que puedes hacer es alimentarlo, entonces felicitaciones, le has entregado a la sociedad moderna el perfecto esclavo, fuerte y sin educación, 100% preparado para hacer rico a su jefe, cobrar el mínimo y gastar los ingresos tomando cerveza y viendo fútbol, *realities*, telenovelas y noticieros amarillistas.

Los derechos de un ser humano no deben limitarse a que simplemente le respeten el derecho a la vida. Esa era la prioridad en las sociedades antiguas, estar vivo para servir de mula de carga. Hoy en día el derecho a la vida va de la mano con el derecho a la libertad, la salud, la educación y un trabajo digo. Suena lindo, pero no es la realidad para más de una cuarta parte de nuestro planeta. Hago énfasis es esto, un hijo sin educación es un simple servidor con muy bajos ingresos, especialmente diseñado para los que sí tuvieron padres que les pagaron una buena educación.

Hay países avanzados donde es el gobierno quien garantiza la educación. Esto no es el factor común en nuestro planeta. La calidad de la educación privada sigue estando muy por encima de la educación otorgada por los gobiernos. Si no me crees, ve a darte un vistazo por la gran mayoría de las escuelas públicas en la mayoría de los países Latinoamericanos.

A continuación, te presento las sugerencias favoritas de qué hacer con el dinero extra que tendrás a tu alcance por no criar hijos durante 18 a 25 años. Cabe anotar que la gran mayoría de personas que entrevisté que sí tienen hijos, también me dieron su opinión sobre lo que habrían hecho con el dinero en caso de no haberse reproducido:

Viajar – Esta es definitivamente la favorita de la inmensa mayoría. No solamente por temas de dinero sino también de tiempo.

Dicen que lo único que te hace más rico que el dinero son las experiencias vividas. Una de las mejores maneras de vivir experiencias inolvidables es viajando. ¡Si, viajar te hace más rico! Y tendrás muchas historias que revivir en tu mente cuando estés tan viejo que no puedas viajar más.

Muchas personas creen que lo más maravilloso que puedes hacer con ese dinero extra es conocer el mundo. Yo estoy de acuerdo en un 100% con esta opinión. La tecnología nos permite guardar todos esos momentos maravillosos durante los viajes en fotos y videos para revivirlos cada vez que queramos. Recordar es volver a vivir y gracias a la tecnología podemos revivir ese hermoso viaje a París hasta el final de nuestras vidas. Ya casi no hay límites para cuantas fotos o cuantos videos puedas almacenar, simplemente mantén un buen kit de memorias de repuesto para poder tomar fotos y videos de manera indiscriminada. También es muy divertido volver a casa y clasificar tus fotos y videos. ¡La diversión no acaba cuando acaba el viaje!

Muy importante es que no vayas a esperar hasta que tengas que llenar tus maletas de viaje con medicinas en vez de lentes de sol, trajes de baño o una tabla para esquiar en la nieve. No esperes hasta el día de tu retiro, hazlo tan constantemente como te lo permitan tus ingresos. Cuando hay suficiente dinero, pues viajas más lejos, más exótico. Cuando tienes poco dinero, pues viajas más cerca, en bus, como sea, lo importante es hacerlo. Cuando viajas siempre habrá una razón para sorprenderte.

Ten en cuenta que sin hijos la planeación de los viajes se vuelve muchísimo más fácil, los destinos no se limitan a lugares donde los niños se puedan entretener, habrá menos tiquetes aéreos que comprar, mejores hoteles donde recuperar las fuerzas, mejores cenas, mejores vinos, mejores fiestas, levantadas tarde para disfrutar del bufete y toda una aventura una vez decides salir del hotel.

¿Alguna vez has estado en un vuelo donde hay niños llorando sin parar? Bueno, ahora imagínate que son tus hijos. ¿Dónde está la diversión en unas vacaciones que comienzan de esta manera? Luego viene el llanto en el taxi, el tren, los buses turísticos, los barcos, hoteles, etc. Viajar sin hijos es una absoluta bendición y viajar "siempre" sin hijos, porque no los tienes, bueno, que te puedo decir, es el mejor de los lujos.

Si viajar mucho está en tu lista de cosas por hacer antes de morir, entonces ¡felicitaciones! No tener hijos es uno de los pasos más importantes para que lo disfrutes al máximo.

Ahorrar para el retiro – Esta fue considerada como la prioridad número uno de aproximadamente una tercera parte de las personas entrevistadas. Financieramente tiene mucho sentido. Mucho más importante que tener una propiedad es asegurar el flujo de caja suficiente para mantenerte tranquilo, hasta que te llegue el inevitable turno de irte de este mundo.

Sin hijos vas a tener la oportunidad de ahorrar generosamente en tu plan de retiro o en una cuenta de banco que hayas asignado para tal fin… o los dos ahorros al tiempo. De esta manera te vas a asegurar una fabulosa vejez en cruceros, con capacidad de pagar los mejores médicos, hoteles, o simplemente disfrutando de tu hobby, ya sea solo, en pareja o con tus amigos. No vas a tener que depender de la "generosidad" de tus hijos. Digo esto porque la mayoría de los hijos piensan que el dinero que le dan a sus padres es limosna y no lo consideran como el pago del préstamo que los padres les hicieron durante unos 20 años para sacarlos adelante.

Entre mis entrevistados hubo un número nada despreciable de personas que consideran a los hijos como parte de su plan de retiro. Pude notar que sucede más entre los latinos, ya que no conocí a nadie de USA, países avanzados de Asia o de Europa occidental, que coincidieran con esta apreciación de que los aportes de los hijos serían parte importante del retiro de sus padres.

Mi opinión es que a medida que las sociedades se van modernizando, la idea de considerar a los hijos como parte del plan de retiro se va desvaneciendo. Creo que es un tema interesante para que un experto escriba un libro.

Vuelvo a mis comentarios donde expresaba que algunos hijos, conscientes de la inversión que implicó criarlos, es muy probable que soporten a sus padres durante su retiro o incluso desde antes, pero esto le sucede a una minoría.

Por otro lado, estimo que criar un hijo para luego darle la carga de mantener a los padres, termina generando un círculo vicioso dañino tanto para la evolución de la sociedad como para la economía global.

Pagar tu vivienda – El sueño de tener tu vivienda propia no es una tarea tan difícil sin hijos. Recuerda que sin hijos tienes como mínimo 18 años de dinero extra que puedes dedicar total o parcialmente a tu vivienda. Muchas de las personas entrevistadas pidieron préstamos bancarios a 20 años en promedio para pagar sus viviendas.

Pude percibir que en Latinoamérica los préstamos promedian unos 15 años, pero en USA y Europa, el promedio es de unos 20 años o hasta más. Tengo entendido que algunos países de Europa ya tienen préstamos para vivienda de 50 años.

Haciendo matemáticas sencillas, al no tener hijos podrás terminar de pagar tu vivienda muchos años antes. Recuerda que hasta que tu hijo cumpla 18 años, habrás gastado unos USD200 mil. Eureka, ahora ese dinero lo acabas de abonar a la casa de tus sueños.

Todos sabemos que las hipotecas son deudas grandes, especialmente diseñadas para que te mantengas pagando por muchísimos años. ¿Cuál es el objetivo de prolongar una deuda pagando muchos intereses cuando puedes asegurar tu vivienda mucho más rápido al no tener hijos? Créeme, no importa el tamaño o la ubicación, tener una propiedad sin deudas te da una gran sensación de seguridad y libera tu excedente para vivir una maravillosa vida sin hijos.

Educación – Hay muchas cosas en la vida que queremos aprender, pero no lo hacemos por falta de tiempo y/o dinero. Ahora que tienes tiempo y dinero, puedes finalmente aprender a tocar un instrumento musical, cantar, cocinar, hablar otro idioma, conducir una motocicleta, aprender a volar un avión, paracaidismo, buceo, literatura. No hay límites para todo lo que puedes aprender una vez tienes el dinero, el tiempo y por supuesto la salud necesaria.

Uno de los más graves, de los muchísimos problemas que nos aquejan a medida que envejecemos, es la pérdida progresiva de la memoria. Tuve la oportunidad de hablar con un geriatra sobre los ejercicios mentales para mantenerse lúcido durante la tercera edad y su recomendación principal fue aprender otro idioma. Aun si no necesitas aprender otro idioma por efectos de tu trabajo, no puedes negar que se siente muy bien entrar a un restaurante en Roma y ordenar los platillos en italiano.

Si definitivamente no te gusta la idea de aprender otro idioma, hay muchos ejercicios para la mente que puedes hacer. Entre los más comunes y efectivos están los juegos de mesa, los crucigramas, pruebas de racionamiento abstracto, juegos de video, etc.

Otro punto muy importante acerca de la educación es que, sin lugar a duda, es la principal herramienta para la evolución de un individuo y consecuentemente de la sociedad. Aprender cualquier cosa nueva, con sustento científico, siempre va a ayudar a la sociedad.

Inversiones – Algunas personas que conocí mientras escribía este libro me sorprendieron mucho por lo ricos que se volvieron después de haber invertido en su propia educación financiera. Aprender a invertir dinero y aprender a convertir en negocios cosas que nunca antes nos hubiéramos imaginado, quedan también al alcance de la mano cuando hay educación financiera.

Algo tan simple como aprender a tener un mejor manejo de las tarjetas de crédito, hace una gran diferencia en el balance al final de cada mes. Es impresionante todo lo que puedes ahorrar manejando bien tus tarjetas de crédito. Pero, insisto, mucho más allá que aprender a ahorrar, la educación financiera te abre muchas puertas que antes no podías siquiera identificar. Invertir bien pone tu dinero a trabajar para ti y, por ende, a tener más de un ingreso, de manera que no tengas que depender de ninguno de ellos para poder vivir con plenitud financiera.

Comprar mejor – Al tener más tiempo disponible, puedes tomar con más calma tus compras e invertir en cosas o experiencias que te brinden la máxima satisfacción. Desde cosas tan simples como alimentos hasta los lujos. Si te tomas el tiempo para comparar, aseguras hacer la mejor compra, sea lo que sea que estés buscando. Al final, la recompensa es que gastas menos o compras más.

Hay compras pequeñas que dan mucha satisfacción, tales como botellas de vino, medias nuevas, ese reloj que hace tiempo tenías ganas de ver en tu muñeca, esos zapatos de USD1,000 que tanto anhelas, etc. Sin hijos no tienes que hacer una balanza entre gastar en tus hijos o en ti mismo. Es muy poco probable que darte lujos te haga sentir culpable.

También hay compras más grandes como autos deportivos y mientras tus vecinos deben comprar una van para poder meter a sus hijos, sus amigos y los amigos de los amigos, te podrás dar el lujo de comprar un deportivo con solo dos asientos, pero un montón de caballos de fuerza bajo el capó. Y por qué no, vamos un poco más lejos, podrás comprar toda clase de cosas que no se pasan por la cabeza de muchas personas en proceso de ahorro para poder pagar la universidad de los hijos, tales como, motocicletas de lujo, un apartamento de descanso cerca al mar, muebles de diseñador, o tal vez un yate o una avioneta. Eso sí, todo depende obviamente de tus ingresos.

Educar a otros – Irónicamente, el no tener hijos no nos debería apartar del todo de la educación de los demás. Es mi opinión muy personal el considerar que todos debemos aportar a la educación de la humanidad. Si no tienes hijos, sugiero aportar a la educación de niños que llegaron a este mundo sin oportunidades de ser educados ¡como debe ser! Todos esos padres irresponsables que abundan por todas partes no son nuestro problema, pero como seres planetarios si tenemos una responsabilidad con respecto al futuro de la raza humana.

Es importante anotar a este respecto, que una parte de los impuestos que se pagan al recibir el sueldo, son destinados a la educación y la salud de tu respectivo país. De la misma manera, si eres empresario, una parte de los impuestos va para esos mismos rubros. En los países más avanzados, es mayor el dinero que se invierte en estos rubros. En otros países, menos avanzados y por ende con más corrupción, gran parte de los dineros públicos que deberían ser destinados a educación, entre muchas otras cosas, van a parar a los bolsillos de inescrupulosos. Este es un triste flagelo que nos llevará varias generaciones eliminar de este planeta.

Bienvenido a la maravillosa vida sin hijos. Recuerda que lo que está contenido en este libro son solamente algunas ideas recopiladas de entrevistas y también de experiencias propias. Tú serás capaz de descubrir por ti mismo muchas otras experiencias maravillosas.

Por favor no olvides escribirme, ya que tus maravillosas ideas serán tenidas en cuenta para futuras ediciones de este libro, en las cuales daremos crédito a las personas que me envíen las mejores ideas.

EL PLAN DE ACCION

Por favor quiero escuchar tus comentarios y tus ideas sobre cómo aprovechar al máximo una maravillosa vida sin hijos en mi correo electrónico omar.valdes2014@gmail.com

REFERENCIAS

Henry W. Kendall – físico norteamericano, laureado con el Premio Nobel en física, junto con Jerome Isaac Friedman y Richard E. Taylor.

Al Gore – político y ambientalista norteamericano, 45º vicepresidente de los Estados Unidos de Norteamérica.

Garrett Hardin – ecologista y filósofo norteamericano.

Oscar Wilde – dramaturgo, escritor, poeta irlandés.